Antonio Elster

Fachl. Berat.: Dipl.-Psych. Dr. M. Bauer

AF222560

Männer zum
Heiraten verführen

40 Do´s & Don´ts

2. aktualisierte Auflage 2011

IO

Antonio Elster:
Männer zum Heiraten verführen

© 2002, 2011 Antonio Elster. Alle Rechte vorbehalten. Zweite deutsche Auflage. Titelbild/Einbandgestaltung Antonio Elster. Herstellung und Verlag BOD GmbH, Norderstedt. ISBN 978-3-8311-4235-4. Printed in Germany 2011

Vorwort

Liebe Leserin,

Sie haben ihn bereits – Ihren Traummann. Er liebt Sie, Sie lieben ihn. Die Beziehung scheint stabil und die Zukunftsaussichten gut. Bis auf – naja, eine kleine Verbesserung vielleicht noch, hier und da. Und dann Heiraten. Das wäre schön. Sehr schön sogar. Bloß, die kleine Vorsilbe „Ehe" am Mann, die scheint nicht ganz so einfach zu erreichen zu sein. Und das liegt an ihm. Weil er halt manchmal wirklich nicht ganz einfach zu verstehen ist. Besonders bei auf der Hand liegenden Dingen. Wie einer wunderschönen Hochzeit zum Beispiel.

Es ist schon komisch. Da liebt man sich, lebt zusammen[1], alles läuft gut – meinen beide – und ausgerechnet am letzten Wunsch der geheimen Liste Nummer Eins[2] hapert es: „Alles was Du willst, Schatzi, aber laß uns mit dem Heiraten noch ein bißchen warten, o.k. ?"

Sie schweigen, lächeln vielleicht ein wenig süß-sauer, und denken sich: „Warten ? Worauf denn warten ? Wir werden doch beide nicht jünger! Und was genau soll das heißen: Ein bißchen ? Er weiß wohl nicht, daß das Durchschnittsalter von Erstmamas auf über dreißig angestiegen ist ? Wie lange soll denn noch gewartet werden ?"

Na gut, nicht alle Frauen möchten auch sofort Mama werden. Aber als Argument . . . Die Zweifelchen der Zwischenzeit wie „Warum will er bloß nicht ?" oder „Liegt es vielleicht an mir ?" sind zum Glück von nur kurzer Dauer und werden schon bald wieder überspült von einer

---

[1] Rund 80 Prozent aller heiratswilligen Paare in Deutschland leben lange vor der Hochzeit/Verlobung zusammen

[2] Liste 2 heißt natürlich: „Nach der Hochzeit", hihi!

Hoffnung, die selbst nicht so genau weiß, was für eine sie ist.

So ungefähr fühlt es sich an, wenn klare Fronten herrschen. In anderen Fällen herrscht außer Hoffnung gar nix, weil Sie überhaupt nicht wissen, was er vom Hafen der Ehe hält. Weil das Thema . . . hm . . . bisher nicht so recht zur Sprache kam ? Weil selbst fragen nicht in Frage kommt ? Oder – weil Sie sich vielleicht ein kleines bißchen vor der falschen Antwort fürchten . . . ? Ach, man weiß ja nie . . .

Jedenfalls, für beide Fälle gilt: Wenn das nicht ewig so weitergehen soll, dann führt kein Weg daran vorbei: Männer müssen manchmal ein kleines bißchen überzeugt werden. Zu allem möglichen. Nur zu einem nicht, natürlich. Diese Erfahrung haben Sie bestimmt auch schon gemacht. Und wissen Sie was ? Sie sind nicht allein. *Das Beziehungabernichtheiratenwollen*-Problem gibt es häufiger. Es ist nur deshalb nicht permanent in Allgemeinheit´s Bewußtsein, weil Trauungen überall und für jeden gut sichtbar stattfinden: Samstags vor der Kirche, jeden Tag in den Zeitungsanzeigen. Das Gegenteil aber, nämlich die Diskussionen zwischen den Partnern um etwaige Hochzeitspläne, die Verzögerungs-Gedanken in Männerköpfen oder die unausgesprochenen Wünsche, die bleiben für die große Mehrheit unsichtbar. Und weil es nun mal überwiegend Männer sind, die es mit dem Heiraten eher geruhsam angehen lassen, deswegen brauchen Sie sich überhaupt keine Sorgen zu machen: An Ihnen persönlich liegt es mit allergrößter Wahrscheinlichkeit nicht.

Er ist halt – ein Mann. Und Männer haben es gut. Für sie, und ihre – manche sagen niederen Triebe, andere nenn-en es natürliche Wünsche – gibt es zahllose Hilfe: *„Frauen schnell verführen"*, *„Frauen rumkriegen"* und wie sie alle heißen. Ganze Bücherregale können gefüllt werden, denn diese Männerwünsche sind ratgeberseitig so gut abgedeckt wie Deutschland mit Gesetzesbüchern. Schamlos geradezu. Natürlich sagen Männer das gleiche über die Seitenanzahl mit Frauenkleidung in Versandhauskatalogen. Doch das ist ein anderes Thema. Mit Ratgebern für den zweitschönsten Wunsch des weiblichen Geschlechts jedenfalls sieht es dürftiger aus. Schnell erhältliche Tips, gern etwas professioneller als manche der Männer-Adäquate, sind rar gesät. Und so fragen sich viele Frauen immer und immer wieder die drei wichtigsten Fragen:

„Warum fragt er mich nicht ?"

„Warum heiratet er mich nicht ?"

„Wann heiratet er mich, endlich ?"

Doch nun halten Sie dieses Büchlein in Händen. Hier erhalten Sie Antworten auf die zweitälteste Frage der Welt: „Warum fragt Frau nicht Mann ?" Nein, halt, war nur Spaß. Sie wünschen sich andere Antworten. Und zwar anspruchsvollere als die mittelmäßige Qualität, mit der sich das männliche Geschlecht zufrieden gibt. Sie möchten Tiefgang, Sensibilität, und vor allem Stabilität – on a long-term basis, please!

Diese unterschiedlichen Welten trennen die Geschlechter seit Urzeiten. Daher gibt es auch seit Urzeiten Hochzeiten: „So eine romantische Hochzeit mit dem Versprechen der ewigen Treue ist doch perfekt, um die unterschiedlichen Welten geschickt zu verbinden!" denkt Ihr weibliches, meist um Ausgleich, Verbundenheit und Gerechtigkeit bemühtes Gehirn. Stimmt schon, ganz allgemein betrachtet. Bloß – es gehören halt immer zwei dazu. Und dieser zweite Teil ist zur Zeit davon überzeugt, daß die Welten bereits ausreichend verbunden sind: „Ich liebe Dich über alles, Schatzi, was soll ein dummes Blatt Papier daran verbessern können ?"

Davon nun sind Sie überhaupt nicht überzeugt. Und fragen sich, wie Frau von Welt ihren Partner in einen Ehemann verwandeln kann, wenn der gar keiner sein will. Doch halt. Für Sie viel interessanter, und im Ergebnis viel dauerhafter, müßte die Frage doch lauten: Wie kann Mann von Welt sich selbst von seinem Glück überzeugen ? Anstatt auf die eine oder andere Weise überredet zu werden. Denn das mit dem „Überzeugen" ist sehr wichtig. Schließlich soll es sich bei seiner Entscheidung um eine von Dauer handeln: Überzeugungen bleiben *oft* – Überredungs-Entscheidungen aber *oft nicht lange*. Deswegen kann ja per Gesetz von Neukäufen wie Autos und Zeitungsabonnements zurückgetreten werden. Überreden hat also gar keinen Sinn. Überzeugen müssen Sie. Seine Einstellungen und Vorstellungen über die Ehe müssen Sie ändern, um Ihr Hochzeitsziel zu erreichen. Weil die Ehe mit Ihnen ja wirklich vieles besser, schöner und einfacher macht. Damit hätten Sie ihm und sich selbst geholfen. Im Grunde ist es also einfach: Freund oder Verlobter muß „lediglich" veranlaßt werden, von selbst auf eigene Gedanken zu kommen, die da lauten:

- „Ich mag sie sehr!"
- „Ich will sie nicht verlieren."
- „Es besteht immer ein Risiko, sie zu verlieren."
- „Ich will sie glücklich sehen."
- „Mit ihr will ich mein Leben verbringen!"
- „Sie ist ideale Mama meiner Kinder."

Und so weiter, in beliebigen Kombinationen, die Reihenfolge ist zunächst ohne Bedeutung. Eben ganz nach Situation und Mentalität. Doch wie soll Frau es schaffen, daß Mann von selbst auf solche Gedanken kommt?

Der erste und vielleicht auch wichtigste Schritt besteht darin, daß Sie diese und ähnliche Gedanken bei den Herren der Schöpfung – nicht verhindern! Sie haben richtig gelesen. Männer sind nämlich – oh Wunder – nicht per se heiratsscheu. Wirklich nicht. Sie sind vielmehr problem- und ärger-einhandelsscheu. Vor dem, was sie darunter verstehen. Und sie sind blitzschnell in der Lage sich phantasievoll einzubilden, daß ein aktueller „Vorher-Ärger" nach der Hochzeit automatisch ein mindestens 10fach stärkerer „Nachher-Ärger" wäre: Jedesmal, wenn es in seiner Beziehung nicht gut läuft und er meint, Frau wäre schuld – also fast immer – dann „rechnet" Mann dies hoch nach dem

Muster: „Oh Mann, wie wäre das erst, wenn wir jetzt verheiratet wären."

Damit sind zwei Strategien denkbar: Zum einen könnte Frau versuchen zu verhindern, daß Konflikte mit solchen Männer-Gedankenkonsequenzen überhaupt erst entstehen. Da sie aber nicht immer wissen kann, wann Mann so denkt, müßte sie entweder grundsätzlich alle Konflikte verhindern, oder allen aus dem Weg gehen. Das ist natürlich utopisch und sowieso falsch. Feiner, künstlerisch fast, ist die zweite Möglichkeit: Mann subtil davon überzeugen, daß ganz im Gegenteil in der Ehe mit ihr alles viel einfacher und unproblematischer verlaufen wäre. . .

Wenn Sie also Ihrem Partner nicht nur bei Meinungsverschiedenheiten, sondern aktiv bei allen Gelegenheiten mit positiven Gedanken auf die Ehe-Sprünge helfen können – und zwar, ohne aufdringlich zu wirken – dann sind Sie auf dem Weg zum Erfolg. Und genau dafür wurde dieses Büchlein geschrieben: Hier erfahren Sie Erkenntnisse und Regeln, die die Wahrscheinlichkeit solcher Gedanken beim männlichen Partner erhöhen. Je nach Intensität und Geschicklichkeit bei der Anwendung wird es nach einigen Wochen bis Monaten zu einer spürbaren Verbesserung innerhalb der Beziehung kommen, wobei sich auch eine steigende innere Bereitschaft des Partners zur Ehe einstellt.

Mit Regeln ist das allerdings so eine Sache. Der Unsinn vieler Regeln zu Beziehungsproblemen besteht darin, daß genaue Verhaltens-Vorschriften aufgestellt werden für unbekannte Menschen in genauso unbekannten Situationen. Da gibt es tatsächlich Aussagen wie „Gehen Sie nur ordentlich geschminkt zum Joggen!" Abgesehen davon, daß Schminken gar nicht jederfraus Sache ist: Woher will der Autor wissen, daß Leserin joggt? Diese Art von Rat ist also blanker Unsinn. Ein anderer uralter „Common Sense" Rat, nicht nur für die erste Verabredung, lautet „. . .schwer zu kriegen zu sein. . ." Diese Regel mag zu früheren Zeiten, vielleicht, einmal berechtigt gewesen sein. Heutzutage jedoch sind die früheren Zeiten lange vorbei und es besteht sogar die Möglichkeit, sich damit völlig unerwünschte, kontraproduktive Ergebnisse einzuhandeln: Wie lange wird sich wohl ein mit einem Mindestmaß an Selbstbewußtsein ausgestatteter Mann diesem Spiel unterwerfen ? Und mit einem nicht willenlosen Exemplar haben Sie es doch zu tun: Schließlich ist er es, der nicht (bald) heiraten möchte.

Aus diesen Gründen muß die *Prime Directive* aller Beziehungs-Ratschläge lauten: Die Kommunikation zwischen den Geschlechtern – übrigens keineswegs auf Sprache und Schrift beschränkt – ist zu erleichtern und erweitern, nicht zu erschweren. Sollte dazu eine geschickte, diplomatische und vielleicht auch etwas augenzwinkernde Taktik erforderlich sein: Gut – warum nicht ? Und weil die hier niedergeschriebenen Verhaltensvorschläge dieser Prime Directive entsprechen ist es nicht verwunderlich, daß sie nicht nur einem, sondern zwei Zielen dienen: In ihrer Summe erhöhen sie die Ehebereitschaft. Einzeln und direkt angewandt tragen sie dazu bei, jede partnerschaftliche Beziehung zu verbessern. Damit Sie dabei zügig vorankommen, ist dieser kleine Ratgeber recht komprimiert geschrieben.

So, das war zunächst das Wichtigste zur Einleitung. Wenn Ihnen später am Buchende gefallen hat, was Sie gerade in Ihren Händen halten, so würden wir uns über ein kleine positive Rezension auf einer der bekannten Internetbuchhandlungsseiten freuen.

Nun wünsche ich Ihnen von ganzem Herzen ein baldiges und wunderschönes „Just Married", ein langes gemeinsames Leben, und all das, was Sie sich selbst wünschen. Auf daß Ihre Pläne gelingen mögen – wie auch immer sie ausschauen.

Ihr Antonio Elster

Nun geht es los

Sie möchten heiraten. Gut. Nicht länger mit im Schoß gefalteten Händen vor sich hin warten, bis er sich – vielleicht – von allein entschließt. Recht haben Sie. Ab sofort lautet das Endziel: Hochzeitsglocken. Schon im Normalfall hängt das Erreichen dieses Zieles zu 50 Prozent von Ihnen ab. Nun, da er sich ein klein wenig sträubt oder eben einfach nicht ganz so begeistert vom Heiraten ist wie Sie, erhöht sich Ihr Anteil auf weit über 50 Prozent. Bis zum Erreichen Ihres Zieles sind Sie also mehr gefordert als Ihr Partner. Denken Sie daran, falls einmal der Zeitpunkt kommen sollte, an dem Sie sich als einseitig Gebende fühlen.

Bevor Sie in erwartungsvollen Aktionismus verfallen ist es ratsam, sich zunächst gedanklich auf die kommende Zeit des Hinarbeitens einzustellen. Und dabei die Macht des eigenen Willens nicht zu unterschätzen. Nicht von ungefähr heißt es: „Der Glaube kann Berge versetzen." Damit soll nicht der Hypnose oder gar der Telepathie das Wort geredet werden. Es geht vielmehr um die Tatsache, das intensive innere (gedankliche) Beschäftigung mit Situationen, die durch eigenes Verhalten beeinflußbar sind[3], zu realen, äußeren Ergebnissen führen kann. Dabei können die Wirkungen auf die Außenwelt teilweise sehr subtil sein: So ist beispielsweise Ihre innere Verfassung am Gesicht abzulesen, was bereits zu Reaktionen beim Gegenüber führen kann. Das Wissen um solche Tatsachen hilft, Ihr Schiff auf den Kurs zu bringen, den Sie sich wünschen – während Unwissende sich häufig wundern, warum trotz bester Absichten einfach nichts gelingen will.

Im Grunde behandeln die folgenden Seiten verschiedene Arten und Praktiken der Manipulation. Leider ist der

---

[3] . . .zum Lottogewinn können Sie es durch „richtiges" Denken also nicht bringen, da es sich bei der Zahlenziehung nicht um eine von Ihnen beeinflußbare Situation handelt.

Begriff „Manipulation" in der Öffentlichkeit zu Unrecht mit einer pauschalen negativen Aura belegt. Zu Unrecht deshalb, weil zunächst jede Art von Aktion, die bewußt oder unbewußt darauf hinwirkt, ein bestimmtes Verhalten beim Gegenüber zu erreichen, Manipulation ist:

- Ein Kind weint, damit Mami es in den Arm nimmt.
- Sie tragen Ihre schönste Spitzenwäsche, um ihn für eine Stunde der Zärtlichkeit zu gewinnen.
- Die Werbung macht Lust auf Eiscreme, damit der Umsatz steigt.

In jedem Fall handelt es sich dabei um Manipulation erster Güte. Doch ist etwa das Kind aus obigen Beispiel ein bösartiger Manipulator ? Oder erleidet seine Mami einen Nachteil ? Natürlich nicht. Ganz im Gegenteil: Das Kind erhält auf diese Weise einen weiteren notwendigen Beweis elterlicher Zuneigung und Unterstützung. Manipulation ist also weder positiv noch negativ. Erst ihr Zweck und ihre Auswirkung bestimmen ihren Charakter.

Ihr persönliches Ziel lautet: „Ich möchte, daß mein Partner mich heiratet. Und zwar, bevor ich steinalt bin." Da Sie nicht einfach weiter warten und hoffen möchten, ist dieses Ziel nur mit dem Einsatz von sanfter Manipulation zu erreichen. Punkt. Es existiert keine andere Möglichkeit, es sei denn, Sie glauben an Hexerei – die übrigens, sollte sie funktionieren, allerschlimmste Manipulation wäre. Dieser Ratgeber liefert Ihnen keine zauberhaften, sondern konkrete irdische Werkzeuge für das Erreichen Ihres Hochzeitsziels. Dazu sind die folgenden Seiten in drei Kapitel unterteilt:

Teil 1:	**Kommunikation für eine gemeinsame & glückliche Zukunft.**
Teil 2:	**Psychologische Werkzeuge.**
Teil 3:	**Sofortstarthilfen für heute, morgen & übermorgen: a) Am Selbst, b) An der Beziehung**

Innerhalb dieser drei Hauptkapitel finden Sie jeweils zahlreiche Einzelpunkte, je einen pro Seite. Alle Texte und Beispiele sind komprimiert, damit dieser kleine Ratgeber gut in die Handtasche paßt, zu allen Gelegenheiten mitgenommen werden kann und schnell zur Praxis führt, ohne daß Sie viele Abende mit dem Lesen langer Texte beschäftigt sind. Jeder einzelne Punkt ist für sich allein anwendbar, steht jedoch im Kontext mit allen anderen. Durch das Herauspicken von, sagen wir, Punkt 13 und 27 können Sie möglicherweise ein einzelnes, konkretes Beziehungsproblem behandeln. Für Ihr Hauptziel „Hochzeit" reicht dies jedoch nicht. Dazu sollte möglichst Punkt für Punkt durchgelesen werden, vielleicht auch ein zweites Mal, dann verstanden sein, und schließlich auf die individuelle Situation angewendet werden. Die Beachtung nur derjenigen Punkte, die am besten gefallen, oder die am einfachsten zu erfüllen scheinen, werden aus kleinen hartnäckigen Heiratsmuffeln keine hochgradigen Hochzeitsverehrer machen.

Die Anzahl der Sterne in den Kopfzeilen zeigt die Wichtigkeit des jeweiligen Themas an. Die Klassifizierung beginnt **einem Stern = Wichtig.** Damit wird einiges von Ihnen verlangt. In der Summe sollte dies allerdings kein Problem sein, denn in einer ehrlichen Beziehung, die fair und gleichberechtigt verläuft, entsteht *langfristig* bei keinem von beiden Partnern ein Gefühl der Unausgewogenheit. Daher gelten viele der genannten Einzelpunkte grundsätzlich auch für den männlichen Partner. Intensiv befolgen müßte er sie aber zur Zeit nur – falls *er Sie* zum Heiraten bewegen wollte. Sollten Ihnen die folgenden Regeln unter dem Gesichtspunkt der Ausgewogenheit dennoch zu weit gehen, dann gibt es zwei Möglichkeiten:

a) Sie haben recht. Daraus folgt wahrscheinlich, daß Ihr Partner zu bequem, zu gleichgültig, zu uninteressiert ist und Sie sich daher über Maßen gefordert vorkommen. Denken Sie in diesem Fall vielleicht noch einmal darüber nach, ob eine baldige Heirat tatsächlich erstrebenswert ist.

b) Sie haben unrecht. Das könnte bedeuten, daß Sie möglicherweise falsche Vorstellungen hegen und zuviel von Ihrem Partner und von Ihrer Beziehung verlangen, als realistisch zu erwarten ist. Da er immer noch mit Ihnen zusammen ist . . .

Wo immer in den folgenden Texten von *den Menschen*, *den Männern* oder *den Frauen* die Rede ist: Gemeint ist damit „Es scheint, daß viele, oder die meisten, Menschen /Männer/Frauen . . ." Eine oberflächliche Verallgemeinerung mit dem Anspruch auf uneingeschränkte Gültigkeit ist in keinem Fall beabsichtigt. Oder ganz kurz: Ausnahmen gibt es fast immer.

Und schließlich: Alle Erläuterungen sind für Leserinnen geschrieben und entsprechend formuliert. Wenn es beispielsweise heißt „Seien Sie tolerant", dann richten sich diese Zeilen zwar direkt an Sie, gelten aber grundsätzlich in gleichem Maß für Ihren Partner. Unter Frauen ist dies vielleicht nicht der Rede wert. Aber es könnte ja sein, daß er irgendwann einmal hier liest.

Teil 1

Kommunikation für eine gemeinsame & glückliche Zukunft

Gegenwart – ★
nicht Vergangenheit, nicht Zukunft

Obwohl Ihr Hochzeits-Ziel natürlich in der Zukunft liegt, so wird doch die Straße dorthin hier und jetzt gebaut. Für das Planen und Erreichen Ihres Zieles zählt der Ist-Zustand (Ihrer Beziehung, Ihrer Emotionen, Ihrer Umgebung) alles. Der War- und Wird-Zustand zählt gar nichts. Versuchen Sie sämtlichen Irritationen aus dem Weg zu gehen und vermeiden Sie die zwei Standard-Fehler:

1. Zur Vergangenheit: „Weil er irgendwann (Platzhalter) machte/sagte, werde ich (Platzhalter) sagen/machen."

2. Zur Zukunft: „Falls er (Platzhalter) machen/sagen wird, dann könnte ich (Platzhalter) sagen/machen."

Aktuelle, äußere Wirklichkeiten besitzen den höchsten Reizwert für alle Menschen, also auch für Sie beide (Reizwert im Sinn von: „Interesse, sich damit in irgend einer Form zu beschäftigen.") Der Umgang mit, und die Reaktionen auf, Realitäten führen Ihre Situation in die Zukunft – im Gegensatz zum „Herumreiten" auf alten Geschichten, oder dem Hoffen auf ungewisse zukünftige Entwicklungen. Zu beachten ist, daß es sich bei den derzeitigen Realitäten keineswegs ausschließlich um „gute" handeln muß: Sie müssen weder lustig, zufrieden noch unbeschwert sein – nur: Jetzt! Lassen Sie alles Versäumte und alle ungewissen Träume ruhen und arbeiten Sie mit, und an, den tatsächlich vorhandenen Möglichkeiten.

Kooperation – ★★
nicht Durchsetzung, nicht Flucht

Weil Ko-Operation „gemeinsame Durchführung" heißt, deswegen paßt sie so gut zur Quintessenz aller ausgewogenen, partnerschaftlichen Beziehungen – Gleichberechtigung, die gleiche Berechtigung für beide: Wer durchsetzt, ist stärker. Wer flieht (den Rückzug sucht), ist schwächer. Kooperationen kommen immer dann leicht zustande, wenn Partners Gefühle, Wahrnehmungen und Interessen mit dem gleichen Stellenwert berücksichtigt werden wie die eigenen.

Ihre persönlichen Vorstellungen also weder höher noch niedriger zu bewerten als die des Partners ist Voraussetzung dafür, daß Gemeinsames gelingen kann.

Um diese Gemeinsamkeit herzustellen, sollten Sie *nicht.* . .

* sich kleinmachen und/oder sich aufgeben
* dominieren
* fluchtartig das „Feld" verlassen
* sich unsichtbar und unhörbar machen

Bestimmt ist Ihnen aufgefallen, das oben *nicht* steht:

* Keine eigenen Positionen vertreten
* Keine eigenen Vorschläge machen
* Nur eigene Wünsche zulassen, die garantiert keinen Konflikt erzeugen

Risiko & Großzügigkeit – ★ ★
nicht Berechnung, nicht Absicherung

Lieber wenig erleben, damit wenig schiefgehen kann ? Das führt Sie nicht weiter. Zum Wesen jeder Entwicklung und jedes Fort-Schrittes gehören (kalkulierte) Risikobereitschaft sowie ein gewisses Maß an Großzügigkeit. Sogar Menschen aus Forschung und Wirtschaft, von Berufs wegen gut vertraut mit diesen Anforderungen, vergessen oder übersehen sie in der eigenen, privaten Partnerschaft.

Fortschreiten, nämlich hin zur Ehe, ist Ihr Ziel. Aus dem Begriff folgt ganz wörtlich, daß weitere Schritte notwendig sind. Doch leider scheuen Menschen häufig vor einem nächsten Schritt zurück, weil er ins Ungewisse führen könnte. Dies trifft sowohl auf den aktiven Partner (der etwas tun/ändern möchte) als auch auf denjenigen zu, der die Änderungen passiv entgegennimmt. Der Rat an Sie lautet deshalb:

Gehen Sie ruhigen Schrittes und optimistisch etwas weiter als bisher. Bleiben Sie dabei aber behutsam, und hören Sie genau zu, was *er* dazu sagt.

Erwartungen, wie er zu reagieren hat, sind hervorragend dazu geeignet, eine negative Atmosphäre zu erzeugen – selbst dann, wenn sie unausgesprochen bleiben. Lassen Sie ihn fühlen und denken, was immer er möchte und bleiben Sie interessiert und aufgeschlossen. Anschließend können Sie als konstruktive Planerin Wege finden, um seine und Ihre Vorstellungen möglichst gut zu verbinden. Falls Ihre Vorschläge dann bedeuten, daß beide ein wenig nachgeben müssen, dann sind Sie auf dem richtigen Weg.

Realitäten – nicht Ideale

Ideale und Sehnsüchte sind nicht immer einfach von realen Situationen zu unterscheiden. Ihre Existenzberechtigung besitzen Ideale als *eine* Art der Orientierung im Leben. Ihre Hauptaufgabe liegt allerdings nicht in der Realisierung, und erst recht nicht zu dem Zeitpunkt, an dem sie entstehen oder aus dem Gedankenkämmerlein hervorgerufen werden. Andernfalls könnte etwas passieren wie: „Du bist genau der Mann, von dem ich immer träumte." „Du täuschst Dich, ich bin Adam." Zu häufiges Versinken in unrealistischen Träumereien, obwohl der Alltag immer wieder beweist, wie unmöglich die eigenen Gedanken zu verwirklichen sind – dieses Verhalten führt ohne Selbstkontrolle hin zur *Lieber gut geträumt als normal gelebt*-Mentalität, die, hat sie sich erst einmal im Kopf festgesetzt, nicht einfach wieder zu entfernen ist. Daß unter solchen Bedingungen Erfolge – ganz gleich welcher Art übrigens – nur schwierig zu erreichen sind, ist leicht zu sehen.

Besser ist es, die eigenen Ideale einem Wirklichkeitstest zu unterwerfen. Und zwar zunächst darauf, ob es sich tatsächlich um überzeugende, anstrebenswerte Ideale und nicht vielleicht um kurzfristige, gar von außen eingeimpfte Klischees handelt. Nach dieser Überprüfung werden die verbliebenen, wirklichen Ideale mit einer nicht zu engen Toleranz für das echte, tägliche Leben versehen.

Diese beiden Schritte schützen vor häufigen Frustrationen und eröffnen sogar die realistische Chance, den eigenen Idealen nahezukommen oder sie gar zu verwirklichen.

Vertrauen –
nicht Mißtrauen

S icher beobachten Sie sich manchmal selbst. Gehören Sie zu denjenigen Menschen, die häufig Ablehnungen aller Art im Tagesablauf vermuten ? Ein guter Indikator dafür ist, wenn Sie sich an Gedanken wie „Warum bloß immer ich ?" und ähnliches erinnern können. Wer dieses Verhalten an sich erkennt und reflektieren kann, ist in der Lage, einiges in seinem Leben positiv zu verändern.

Wer es darüber hinaus sogar schafft, seine Grundeinstellung etwas mehr hin zu „Es könnte etwas Schönes passieren." auszurichten, anstatt auf „Hoffentlich passiert nicht schon wieder so ein Mist !", dessen Mitmenschen werden diese Ausstrahlung registrieren und positiv reagieren.

„Geld kommt zu Geld" heißt einer der Merksätze über finanziell erfolgreiche Menschen. „Glück kommt zu Glück" heißt derjenige über Menschen mit der „Halbvoll"-Überzeugung: Es macht mehr Freude, eine Flasche Wein als „Gut, halb voll!" anstatt als „Schade, halb leer!" zu betrachten. Warum sollte nicht die schönere Variante gewählt werden ? Wahr sind doch beide.

Vertrauen Sie in die Zukunft und werden Sie noch etwas optimistischer. Nicht dem blinden, sondern dem realistischen Optimismus kann sich oft mehr angenähert werden.

Sehen Sie das Bessere und Vorteilhafte im Alltag, anstatt sich mit den weniger vorteilhaften Dingen allzulange aufzuhalten. Es entsteht zwar kein Glück dadurch, daß Unglück fehlt, doch Glückes ausgleichende Wirkung hilft recht effektiv, Alltagsfrust und Alltagsärger leichter zu nehmen.

Erwartungen –
realistisch belassen

Bei Vergleichen zwischen Menschen und Computern fällt unter anderem ein großer Unterschied auf: Die Siliziummaschine „sieht" beispielsweise in der Zahl 1.000.000 nichts weiter als die bloße Ziffernfolge. Menschen dagegen denken sofort an die Lottomillion, an unendlich viele Glitzerpunkte am Sternenhimmel und vieles andere. Selbst zu trivialen Alltäglichkeiten werden rasch Assoziationen und Erwartungen aufgebaut. Zu rasch – denn oft existiert objektiv betrachtet keinerlei Anlaß für irgendeine Erwartung. Daraus folgt, daß *viele* Menschen *oft* falsche Erwartungen hegen.

Hohe positive Erwartungen: Die Wahrscheinlichkeit, daß Enttäuschung, Frustration und Streß erlebt werden, ist hoch. Und sie vergrößert sich noch, falls der Partner die gleiche Einstellung hat. Auch Menschen, die durch extremes „konsequent positiv Denken" das Schicksal überrumpeln wollen, begehen den Fehler der überhöhten Erwartungen: „Heute treffe ich den Mann meines Lebens!" besitzt die gleiche (Un-) Qualität wie „Heute gewinne ich im Kasino!"

Hohe negative Erwartungen: Diese Haltung nehmen Menschen ein, die Enttäuschungen vermeiden wollen. Häufig wird dabei aus dem Selbstversuch der **Be**hütung die kontraproduktive **Ver**hütung: Die Gefahr, ignorant am Glück vorüber zu gehen wächst, weil Resignation und Skepsis „siegten". Das ist bedauerlich, denn ebenso wie Ent-Wässerung „das Wasser entfernen" bedeutet, so bedeutet Ent-Täuschung „die Täuschung entfernen", ist also im Grunde wünschenswerte Aufklärung.

Die Würde des Moments –
geht vor dem Nutzen

★ ★

A ndere Menschen beneiden Sie um Ihre Situation, auch wenn einige es nie zugeben würden: In einer normalen oder sogar guten partnerschaftlichen Beziehung zu leben, das ist in ständig wachsenden Single-Gesellschaften keineswegs mehr der Durchschnitt und verdient in jeder Weise, geachtet und gewürdigt zu werden.

> **Jeder einzelne glückliche Moment einer Beziehung ist ein Geschenk, das wegen irgendwelcher unterschiedlicher Auffassungen zwischen den Partnern nicht entwertet werden sollte.**

So wie Sie sich an schönen Dingen erfreuen können ohne über diese zu verfügen, genauso sind die Momente mit dem Partner in erster Linie ein Geschenk ohne Verpflichtung, für das nichts zurückerwartet werden sollte.

Vergessen Sie deshalb über Ihren Hochzeitsplänen nicht, daß Sie bereits in einer guten Beziehung leben, die ihnen viele schöne Zeiten und Erlebnisse beschert. Weder Ihr Partner noch Ihre Beziehung mit ihm hat es verdient, in irgendeiner Weise unwürdig behandelt oder berechnend ausgenutzt zu werden. Und schon gar nicht nur deswegen, weil er (bis jetzt) nicht heiraten möchte. Glückliche und schöne Zeiten dürfen nicht Mittel zum Zweck sein, etwa für den nächsten Schachzug. Natürlich lassen sich Vorschläge, Neuerungen und Wünsche aller Art viel besser und erfolgversprechender in angenehmer, positiver Atmosphäre anbringen. Dazu können positive Situationen und Momente in gewisser Weise **be**nutzt werden – aber bitte nicht **ausge**nutzt!

Gemeinsam das „Ist" genießen – nicht einsam das „Könnte" hoffen   ★ ★

Wenn geteiltes Leid halbes Leid ist, dann ist gemeinsames Glück doppeltes Glück. Wer sich gemeinsam mit dem Partner freuen kann – auch über die kleinen, alltäglichen Dinge – der lebt und erlebt qualitativ hochwertiger. Ein Börsenmakler würde vielleicht sagen: Risikoloser ist Glück nicht zu verdoppeln.

Gemeinsam erlebtes Glück wird nicht nur stärker empfunden als einsam erlebtes, es stärkt auch den Zusammenhalt zwischen den Partnern. Das Zelebrieren von gemeinsamen kleinen Hoch-Zeiten zu jeder sich bietenden Gelegenheit ist immer lohnenswert – auch deshalb, weil kaskadenhafte, kaum vorhersehbare Entwicklungen oft zu den schönsten Erlebnissen führen: Freuen Sie sich beispielweise über „nur" eine Blume, die Ihr Herzensjunge als Sympathie-beweis mitbrachte mit irgendeinem kleinen Gegenbeweis, dann wird wiederum der nächste von ihm wahrscheinlich nicht lange auf sich warten lassen – oft ist es halt keine Blume, sondern irgendeine Kleinigkeit nur Ihnen zuliebe, die Sie als solche zunächst vielleicht gar nicht erkennen.

Wie trist und grau nimmt sich dagegen die Vorstellung aus, allein zuhause zu sitzen und zu denken: „Er könnte ja mal wieder . . ." oder „Er sollte doch mal..."

Sobald solche Gedanken in Ihrem Kopf auftauchen sollten Sie aufstehen und ihm das entgegenbringen, was Sie sich im Moment selbst wünschen. Denn: Eigene Aktivitäten werden *immer* belohnt – und sei es „nur" mit neuen Erfahrungen.

Um Menschen besser verstehen, und dadurch auf sie eingehen zu können ist es unerläßlich, sie zu einem gewissen Grad zu kennen und einschätzen zu können. Die folgenden, absichtsvoll nur gering detaillierten Typisierungen liefern Ihnen hierfür Anhaltspunkte. Bitte behalten Sie dabei stets im Sinn, daß kein Mensch jemals exakt einem der aufgeführten Charakterbilder entsprechen wird. Es kommt lediglich auf die Tendenzen an.

Charaktertypus A

Positiv Ausgeprägte sind/haben:

Intensive Gefühle, ernst nehmend, rücksichtsvoll, sensibel, geringe Ansprüche. Sie belasten sich selbst nicht, sind regelmäßig bescheiden und fähig, die Qualitäten ihrer Mitmenschen zu erkennen und anzuerkennen. Kleine Dinge erfreuen sie. Sie kämpfen selten gegen oder um jemanden oder etwas, sind geduldig und tolerant und geben anderen Menschen Freiheiten.

Wenn diese Beschreibung auf Ihren Partner zutrifft: Sie können mit ihm sehr schöne Unterhaltungen über das Leben, die Liebe und die Kunst führen. Es kann jedoch schwer sein, die Kurve zum Thema Heiraten zu kriegen. Oft werden Sie selbst aktiv beginnen müssen.

Negativ Ausgeprägte sind/haben:

Weinerlich, zurückweichend, selbstmitleidig. Fehler und Mißerfolge sind klar bewußt, Erfolge und Qualitäten unwichtig, geradezu unwürdig. Sie leiden still und klagen anschließend endlos bei Freunden oder Eltern. Tatsächliche Ereignisse sind weniger wichtig als graue Gedanken darüber. Es ist nicht einfach zu erkennen, wann sie wiedereinmal tief verletzt wurden.

Wenn diese Beschreibung auf Ihren Partner zutrifft: Widersprechen Sie nicht, lassen Sie ihn jammern und tanzen Sie lieber mit ihm statt zu sprechen. Wenn das nichts hilft: Setzen Sie eins drauf und steigern sich, bis er sich endlich wehrt - oder selbst lachen muß. Ein nicht geringes Maß an Ausdauer ist wahrscheinlich erforderlich.

Charaktertypus B

Positiv Ausgeprägte sind/haben:

Vorsichtig, sich schützend, langsam. Sie rennen keine Türen ein und treten nicht in Fettnäpfe. Sie verlieren sich nicht, übernehmen sich nicht, sind wenig nachtragend. Es bleibt Raum und Zeit für die kleinen Schritte, die sie genießen können.

Wenn diese Beschreibung auf Ihren Partner zutrifft, dann haben Sie gute bis sehr gute Chancen für Ihrem Hochzeitswunsch. Besonders dann, wenn Sie ganz allgemein gern träumen, Zeit brauchen und nicht alles sofort geschehen muß, ist dieser Charaktertyp der ideale Partner.

Negativ Ausgeprägte sind/haben:

Angstvoll, schüchtern, zurückgezogen. Diese Menschen verwickeln Freunde in endlose Gespräche, was alles passieren müßte, damit sie sich trauen würden. Dabei sind die „Gefahren" vielfältig und wechselnd. Sie können stundenlang spekulieren, was ihr Gegenüber gemeint haben könnte und stellen den Anspruch, sich nur bei totaler, absoluter Sicherheit auf irgend etwas einzulassen. Sie leiden oft, daß wieder-einmal eine Chance verpaßt wurde. Dann nehmen Sie sich vor „Beim nächsten Mal auf jeden Fall . . .", weichen aber doch wieder zurück – um sich bald neuerlich über sich selbst zu ärgern.

Wenn diese Beschreibung auf Ihren Partner zutrifft, dann müssen Sie ihn aus sich selbst herauszerren, denn freiwillig wird er nicht kommen. Ignorieren Sie einfach seine Angst und geben ihm einen Kuß.

Charaktertypus C

Positiv Ausgeprägte sind/haben:

Lebendig, bunt, interessant. Sie sind großzügig, ohne Vorurteile, schnell und direkt. Sie stehen mitten im Leben und genießen dabei die Einstellung: „Leben und leben lassen." Auf Gesellschaften sind sie gefürchtete und beliebte Teilnehmer, da sie immer irgendwie für Durcheinander sorgen, dabei allerdings oft Grund für interessante Gespräche liefern.

Wenn diese Beschreibung auf Ihren Partner zutrifft, werden Sie möglicherweise ein kleines Problem mit der ktiven Überzeugung haben: Nicht zu sehr drängen. In Extremfällen könnte vielleicht sogar Abwarten der beste Rat sein. Bis er von selbst kommt, und bis dahin das Leben mit ihm genießen.

Negativ Ausgeprägte sind/haben:

Durcheinander, unkritisch, unvorsichtig. Diese Menschen beugen sich sehr weit vor, sind bei genauem Hinsehen oft widersprüchlich und sprunghaft, und es kommt nicht selten vor, daß nicht gehalten wird was versprochen wurde.

Wenn diese Beschreibung auf Ihren Partner zutrifft, sollten Sie starke Nerven und ein hohes Maß an innerer Unabhängigkeit besitzen. Sie sollten nicht allzu viele seiner Standpunkte und Pläne ernst nehmen, und bei Absagen sowie nicht eingehaltenen Zusagen nicht eingeschnappt sein. Möglicherweise sehen Sie sich ab einem bestimmten Zeitpunkt in der notgedrungenen Lage klarmachen zu müssen: „Bis hierher, und nicht weiter."

Charaktertypus D

Positiv Ausgeprägte sind/haben:

Langsam, zuverlässig, ruhig, sorgfältig, aufmerksam. Neues, zumal wenn mit irgendwelchen (auch kleinen) Risiken bedacht, wird en detail unter die Lupe genommen, bevor ein Urteil oder gar ein Einverständnis gegeben wird. **Wenn diese Beschreibung auf Ihren Partner zutrifft,** fahren Sie mit ihm Go-Kart oder gehen Fallschirmspringen, bevorzugen Sie schnelle Tänze und volle Lokale – kurz: Machen Sie ein wenig Action. Fordern Sie ihn heraus ohne ihn zu überfordern. Wenn Sie es richtig machen, wird er nach einer gewissen Eingewöhnungszeit viel Spaß dabei haben und Ihnen dankbar sein.

Negativ Ausgeprägte sind/haben:

Pedantisch, leblos, einengend. Vorträge über korrekte Begrüßungen werden für sexy gehalten. Die Langeweile der Zuhörer gilt als Aufforderung, den Vortrag auszudehnen. Als Eifersüchtige sind sie eine Qual, weil sie, ohne ein Ende zu finden, Belege für das Fehlverhalten des Partners erstellen, sammeln, und auf einer „korrekten Buße" bestehen. **Wenn diese Beschreibung auf Ihren Partner zutrifft:** Pfeifen Sie drauf! Versuchen Sie es mit nicht-ernstem Provozieren, lieben Sie souveränes Pfuschen, geben Sie sich ineffizient und unlogisch. Damit geht sein „Spiel" nicht auf und die Geschichte kann mit einem Happy-End in lockerer Atmosphäre enden.

Charaktertypus E

Positiv Ausgeprägte sind/haben:

Mutig, temperamentvoll, kreativ, immer für eine Überraschung gut und meist gut gelaunt. Hier handelt es sich um sehr aktive Menschen, wenn auch nicht immer tatsächlich so lustig, wie sie scheinen.

Wenn diese Beschreibung auf Ihren Partner zutrifft, dann wird es Ihnen leichtgemacht, neue Ideen und Vorschläge an- und durchzubringen. Ein realistisches Risiko besteht darin, daß es im weiteren Verlauf Ihrer Partnerschaft geschehen kann, daß Sie die eigene Initiative verlieren und tendenziell passiv werden. Falls solch eine Entwicklung bemerkt wird, hilft nur die sofortige „Abgrenzung", gekoppelt mit einem gelegentlichen Nein – so ziemlich der einzige Fall im Leben, in dem ein „Nein aus Prinzip" eine Berechtigung haben kann.

Negativ Ausgeprägte sind/haben:

Überdreht, maßlos, unangemessen: Ihre Geschenke sind zu groß, ihre Komplimente übertrieben, das Gedicht zum Geburtstag zu lang. Weil sie oft (und gern) glauben, nur sie allein kennen die volle Wahrheit, können einmal erlangte Überzeugungen nur sehr schwer widerlegt werden.

Wenn diese Beschreibung auf Ihren Partner zutrifft benötigen Sie ziemlich viel Toleranz für übertriebenes Verhalten, eine sehr große Überzeugungskraft und nicht zuletzt Durchhaltevermögen für die Abwehr von Vermutungen Dritter, Ihr Partner sei ein großer Angeber.

Teil 2

Psychologische Werkzeuge

Erfolg ist –
Etwas tun !

Keine gute Idee ist es – schon grundsätzlich nicht – darauf zu warten, daß etwas geschieht oder daß Andere etwas für Sie erledigen. In Ihrem konkreten Fall wäre abwarten sogar unsinnig, denn Sie wissen oder ahnen zumindest bereits, daß er nicht heiraten möchte. Worauf also warten ? Eigene Aktivitäten sind angesagt: Den Weg zum Ziel planen, die Schritte aktiv umsetzen, Teilergebnisse checken und bei unbefriedigendem Ergebnis die Strategie ändern. Daß Sie dafür gute Anlagen besitzen, das haben Sie sich bereits bewiesen, indem Sie sich gerade zielstrebig Know-How anlesen.

Falls Sie nicht zu den Menschen gehören, die ein Buch nach der letzten Seite, oder gar schon vorher, ins Regal stellen und vergessen, dann haben Sie die wichtigste und schwierigste Etappe zum Ziel, die, an der viele Menschen scheitern, bereits geschafft: Sie ziehen ihren Kurs bis zum Ergebnis konsequent durch, weil das die einzige Alternative zum Nichtstun ist:

- **Seien und werden Sie nicht defensiv.**

- **Vermuten Sie nicht, daß alles glatt gehen wird und daß Sie ausschließlich positive, erfolgreiche Gefühle erfahren werden.**

- **Harmonie ist vieles, aber nicht alles. Auch engagierte kämpferische Auseinandersetzung natürlich ist die verbale gemeint) kann zwei Menschen einander sehr nahebringen.**

29

Grundregeln
des Erfolgs

Z iele selbst definieren und festlegen, und sie anschließend erstens konsequent, und zweitens in einer Weise
zu verfolgen, die das Erreichen wahrscheinlich macht – das
sind urtypische Management-Aufgaben in der Welt der
Wirtschaft. Die Merksätze der folgenden kleinen Liste
stammen denn auch tatsächlich aus der Welt des Big
Business, weil private Beziehungen und das Wirtschafts-
geschehen tatsächlich einiges gemeinsam haben:

Denn auch in der Wirtschaft kommt es auf das Handeln
und Verhandeln zwischen Menschen mit unterschiedlichen
Einzelzielen (eigene Produkte mit Gewinn verkaufen bzw.
Fremd-Produkte so günstig wie möglich einzukaufen) an.
Die Einzelziele können nur erreicht werden, falls ein
gemeinsames Hauptziel (der Vertragsabschluß) gefunden
und ausgeführt wird. Und hier wie dort gilt: Erfolg wird am
besten gemessen – Am Erfolg.

- **Das Ziel muß wirklich gewollt sein.**

- **Haarscharf daneben ist auch vorbei.**

- **Nur wer es ausprobiert weiß, womit durchzu-
  kommen ist.**

- **Nur tote Fische schwimmen mit der Strömung.**

- **Auf Kleinigkeiten achten. Vor allem auf die
  Kleinigkeiten.**

- **Nachher ist es nie so schlimm wie vorher be-
  fürchtet.**

Nie unterschätzen – ★ ★ ★
Die Macht der eigenen Gedanken

. . . über Ihren Körper. Denn Sie selbst kontrollieren doch „lediglich" ihre Gedanken. Diese Gedanken aber herrschen über Ihren Körper. Um beispielsweise zum Schrank zu gehen, denken Sie nicht etwa: „Setze das linke Bein einen Schritt nach vorn, dann das rechte, dann wieder das linke." Nein! Sie denken einfach: „Ich will jetzt zum Schrank gehen." Denn ganzen „Rest" erledigt das Gehirn ohne Ihr bewußtes Zutun. Sehr ähnlich verhält es sich auch mit Ihrer inneren Verfassung und Einstellung – und den daraus folgenden äußeren Wirkungen, wie etwa Ihrer Tonlage während des Sprechens und Ihrer Körpersprache.

Ängstliche Gedanken beispielsweise äußern sich in einem Gesichtsausdruck, der dem Gegenüber signalisiert: „Du bist gefährlich, ich traue dir nicht." Ihr Gesicht wird ohne bewußtes Zutun (!) Mißtrauen und Abweisung ausstrahlen.

Tricky thoughts wie „Was sag´ ich bloß, damit er sich interessiert ?", „Hoffentlich sag´ ich nichts Falsches !" und alle ähnlichen gehen in die gleiche Richtung. Sie lassen sich teilweise interpretieren als: „Ich will nicht, daß Du denkst und fühlst wie Du möchtest.". Im Gesicht des jeweiligen Denkers wird oft unbewußt „Verschlagenheit" erkannt, was beim Gegenüber wenig Vertrauen hervorruft.

Negative Gedanken wie „Das klappt sowieso wieder nicht", „Mir fällt nichts ein" und ähnliche erzeugen tendenziell ein jämmerliches Gesicht. Wer darauf spekuliert, daß seine Mitmenschen dem heiligen Samaritertum verpflichtet sind – eine vielversprechende Taktik. Alle anderen sollten einmal daran denken, wie sie selbst auf einen Menschen reagieren, der permanent bemitleidet werden möchte.

Die stärksten aller Wünsche – ★★★
Nähe und Anerkennung

Die Wünsche nach Nähe und Bindung sowie ihre Gegensätze, also nach Distanz und Ungebundenheit sind große Triebkräfte der menschlichen Psyche. Auf ihre Erfüllung, oder auf die Aussicht ihrer Erfüllung, reagieren Menschen aller Altersgruppen stark. Gleiches gilt für Anerkennung (Lob). Ihr Gegenteil Ablehnung (Kritik) erzeugt ebenfalls heftige Reaktionen, will aber vermieden, also nicht erfüllt sein.

Bindung und Geborgenheit stehen im Widerspruch zu Freiheit und Ungebundenheit, weil das Risiko von Einsamkeit und Verlassenheit mit wachsender Freiheit ansteigt (*Janis Joplin: „Freedom ist just another word for nothing left to loose." Übersetzung: Freiheit ist nur ein anderes Wort für „Nichts mehr zu verlieren").* Mit der Bindung dagegen steigt das Risiko von Abhängigkeit und Beschränkung.

Daraus erklärt sich der Widerspruch von Menschen in ihrer Beziehung. Auseinandersetzungen in Paaren entstehen oft aus dem Versuch, Freiheit und Geborgenheit zu erzielen, ohne in Abhängigkeit und Einsamkeit zu geraten. Doch wer kann schon ernsthaft behaupten, das es ihm gelänge ? Vor die Wahl gestellt, überwiegt bei Männern häufiger als bei Frauen der Wunsch nach Unabhängigkeit – ohne (!) daß damit notwendigerweise die Partnerin oder die Beziehung kritisiert ist. „Sogar" Jesus wies seine Mutter zurück: „Weib, was habe ich mit Dir zu schaffen!" Gerade für Frauen ein nahezu unvorstellbarer Gedanke.

Begehrlichkeiten – *wecken*

Begehrlichkeiten und Begierden von Menschen werden geweckt, indem

- **zum passenden Zeitpunkt** (Eiscreme-Werbung an kalten Wintertagen ist eher selten)

- **die Möglichkeit der Stillung von latent vorhandenen Verlangen** (ein zumindest unbewußtes Grundinteresse muß vorhanden sein)

- **angedeutet wird** (Reizwäsche legt Reize nie offen, sondern deutet lediglich an).

Es müssen also offene und/oder versteckte Wünsche des Partners bekannt sein. Das Thema Sex und die weibliche Verführung nimmt nur deshalb allgemein – und das bedeutet wirklich weltweit – großen Raum ein, weil nahezu jeder Mann dieser Welt das einprogrammierte starke Verlangen danach besitzt.

Doch es gibt viele weitere Betätigungsmöglichkeiten auf dem Feld der Begehrlichkeiten: Das Stillen von Hunger, das Verlangen nach Fortpflanzung (nicht Sex, sondern Kinderwunsch) und das Verlangen nach Anerkennung sind Beispiele allgemeiner Triebe.

Hobbys dagegen gehören zu den individuellen, persönlichen Interessen. Allerdings definieren sich persönliche Hobbys häufig aus dem Verlangen nach Anerkennung: Man möchte besonders gut sein, dies auch anderen Mitmenschen zeigen, und schließlich dafür gelobt werden. Jedem Menschen fallen zahlreiche individuelle Begehrlichkeiten seines Partners ein. Still-Möglichkeiten hat jede Frau deshalb weit zahlreicher als „nur" attraktiv und verführerisch zu sein.

Abhängigkeiten –
herstellen

Dabei wird sich finanzielle, materielle, gesetzliche oder körperliche Macht über einen Anderen entweder verschafft, oder es werden bereits vorhandene Abhängigkeiten/Schwächen ausgenutzt. Aussagen wie: „Was bist Du schon ohne mich" (Überlegener) und: „Was soll ich denn ohne Dich machen ? Ich brauche Dich doch so" (Unterlegener) sind typisch für solche Situationen. Im günstigsten Fall erfolgt ein Handel zwischen den Parteien: Der eine Partner bringt beispielsweise sein Vermögen ein, der andere seine Ästhetik: Dem einen ist es un-möglich, schön oder wieder jung zu werden, dem anderen ist es (höchstwahrscheinlich) unmöglich, reich zu werden. Einen, meist irgendwie doch unbefriedigenden Ausgleich, kann jeder Partner ausschließlich durch seinen Antipol herstellen. Im schlimmsten, kriminellen Fall wird zum Beispiel Drogenabhängigkeit per Zwang oder Verführung erzeugt und die daraus folgende einseitige Macht rigide und brutal ausgenutzt.

Sanfte Abhängigkeiten bestehen zum Beispiel dann, wenn im Alltag auf bestimmte, begrenzte Fähigkeiten des Partners nicht mehr verzichtet werden will. Und zwar aufgrund der Überzeugung, oder des Wissens, daß Alternativen nicht existieren oder unmöglich sind. Die zentrale Frage in all diesen Fällen **lautet nicht:** „Gibt es noch jemanden, der so gut mit Geld (Lebensmitteln, Technik, Garten etc.) umgehen kann ?"

Sie lautet: „Glaubt er/sie, daß er/sie nie wieder so jemand treffen wird ?" Schon die Aussicht auf bloße Unbequemlichkeit kann die Überzeugung von der Unmöglichkeit stark beschleunigen.

Versorgungswünsche – anregen

D ieses „Unternehmen" ist nicht selten die Vorstufe zu „Abhängigkeiten herstellen".

Versorgungswünsche werden geweckt, indem irgendein Tagesablauf dem Partner einfacher/bequemer/schöner als bisher gemacht wird – und zwar derartig, daß ihm genau bewußt ist, wer da Gutes tut.

Ein Problem besteht darin, daß derjenige Partner, der viel Energie darauf verwendet sich unentbehrlich zu machen, schnell nerven kann. Ein anderes, daß bei zuviel wohlwollender Energie der Partner rasch bequem werden kann. Die Kunst besteht deshalb darin, eine wirkliche Herzensangelegenheit anzupacken, das richtige Lösungsverfahren zu verwenden und dennoch nicht allzu perfekt zu sein. Solange sich diese Art des Umgangs in etwa ausgleicht – trivial beispielsweise: sie freut sich, daß er ihr Auto repariert und pflegt, während er es mag, daß sie immer ein gutes Essen auf dem Tisch hat – ist dagegen absolut nichts einzuwenden. Ganz im Gegenteil, aus dem ausgeglichenen gegenseitigen Zusammenspiel werden langwährende und erfüllende Beziehungen geboren. Ist aber keine Ausgeglichenheit vorhanden, sagt also einer permanent Dinge wie: „Ich will Dir doch nur helfen", „Meine es nur gut", „Bin für Dich da" (überlegen) und/oder der andere: „Ich bewundere Dich", „Kannst Du mir mal helfen" (unterlegen), dann ist Vorsicht geboten: Neben dem Risiko, daß es einem Partner zu bunt wird und er sich endgültig verabschiedet, kann es auch zur Hörigkeit kommen.

Ängste und Gefügigkeit –
entwickeln

Diese Begriffe hören sich zunächst nach Gewalt, Einschüchterung und Drohung an, sind aber weder darauf beschränkt, noch ausschließlich von Männern bekannt, um alle möglichen Interessen Frauen gegenüber durchzusetzen. Frauen sind auf diesem Gebiet ebenso aktiv, wenn auch meist etwas subtiler: Einsamkeits- und Verlassensängste, Drohen mit Kindesentzug und andere negative Emotionsgeneratoren wiegen bei Männern schwer. Auch die Taktik, eigene Schwächen bewußt als Stärken einzusetzen, wird von beiden Geschlechtern gut beherrscht: Frauen, die sich besonders unfähig in technischen Dingen geben um Männer zu animieren, ihnen die Reifen zu wechseln. Männer, die absichtlich grauenhaft kochen und Teller fallen lassen, um für alle Zeiten aus der Küche verbannt zu werden. Es gibt Menschen, die ihre gesamte Partnerschaft durch geschickten Umgang mit ihren Schwächen gestalten.

Grundsätzlich ist davon abzuraten, eine Beziehung auf der Basis von Ängsten und Gefügigkeiten aufzubauen oder zu „verbessern". Selbst bei sehr sensibler, eingeschränkter und beidseitiger Verwendung läuft man dem Ziel der fairen Gleichberechtigung und des offenen Miteinanders völlig zuwider.

Obendrein ist es nahezu unmöglich, ein ursprünglich vielleicht als temporär geplantes Verhalten zu einem späteren Zeitpunkt wieder abzustellen, ohne erheblichen Einfluß auf die Beziehung zu nehmen. Nutzen Sie das Wissen über diesen Punkt einfach dafür, um es genau so *nicht* zu machen.

Erfolgreiche Angelköder – ★ ★ ★
Für Fisches, nicht Anglers Geschmack

Erfolgreiche Angler verwenden Köder, den Fische mögen – und nicht welchen, den sie selbst gern essen. Jeder Einzelne, der Regenbogenforellen mit Nutella fangen wollte – ist verhungert! Fische haben nämlich nicht angebissen. Und Nutella war auch irgendwann alle.

Daher ist es oft verwunderlich, welche Art von Geschenken, Mitbringseln und Aufmerksamkeiten Frauen ihren Partnern überreichen. Auch wenn es Ihnen komisch vorkommt: Die meisten Männer wünschen und freuen sich über pur-praktische Dinge – aus Männers Sicht. Praktisch im männlichen Sinn ist beispielsweise eine Funkmaus, ein Tennisschläger oder ein Satz Bohrer – nicht ein Paar Socken, nicht die obligatorische Krawatte und schon gar nicht die kleine hübsche Plastik für den Wohnzimmerschrank. Diese Dinge besitzen für ihn keinen wirklichen „Wert". Bringen sie ihm lieber einen Satz hartverchromter Schraubenschlüssel mit.

Während Frauen sich darüber freuen, *daß* an sie gedacht wurde, freuen sich Männer darüber, *was/wie* über sie gedacht wurde.

Deshalb geht es weniger um den eigentlichen Zweck des Geschenks als vielmehr um das Signal „Ich verstehe Dich. Ich kenne Dich." Mit solchen Signalen gewinnen Sie sein Herz; und sein Gefühl, daß Sie die ideale Partnerin fürs Leben sein könnten.

Obwohl als Anhaltspunkt geeignet, funktioniert die Umkehrregel zur richtigen Geschenkfindung leider nicht immer: *Alles, was Sie nie-nie-niemals schenken würden, findet Mann gut. Das stimmt so leider nicht.*

Was Andere –
nicht mögen

★★★

S o viele verschiedene Menschen auf der Erde – und dennoch existieren Gemeinsamkeiten. Bestimmte Verhaltensweisen werden von nahezu allen als unsympathisch oder negativ empfunden. Dazu gehören:

Ungefragte Begründungen: Diese wirken grundsätzlich verdächtig und negativ: „Kommst Du heute nacht mit zu mir ? Ich meine, wenn ich es Dir jetzt nicht sage, werde ich mich nachher furchtbar ärgern." Besser direkt und schnörkellos: "Möchtest Du heute Nacht bei mir bleiben ?"

Erzählen ohne sich zu fragen, ob sein Gegenüber interessiert ist. Gespräche über Strickmuster oder die neue Diät Ihrer Freundin treiben ihn schnell vor seinen Computer oder in die Stammkneipe.

Streiten um des Behauptens Willen – Streitereien, die meist mit wiederholten und lautstarken „Nein!-Doch!" Argumenten enden.

Nach dem Munde reden „Ja mein Schatz, du hast ganz recht" – Wer's zum zehnten Mal hört, flippt aus.

Die Mitleidstour, auch *„fishing for compliments":* Von eigenen Problemen erzählen, um indirekt den anderen zu gewinnen. Damit wird dem Partner unter Umständen die ungewollte Rolle des „Ersatztherapeuten" aufgezwungen: „Du bist doch gar nicht dick."

Selbstzweifel durch Kritik an Dritten loswerden: Nicht selten werden diejenigen Eigenschaften an Anderen kritisiert, die an sich selbst abgelehnt werden. Doch auch Kritik an Dritten wird selten gern gehört.

Folgerung aus allen Punkten: Der Notwendigkeit zur totalen Ehrlichkeit vor sich selbst ist nicht zu entfliehen.

Teil 3a

Sofortstart-Hilfen für heute, morgen, übermorgen . . .

Am Selbst

Lieb und nett sein –  *reicht nicht !*

Viele Menschen, sicher die meisten, sind lieb und nett. Großonkel Harry, Ihr Tankwart, der Supermarktleiter. Würden Sie deswegen einen von denen heiraten wollen ? Sehen Sie. Und warum nicht ? Weil diese Personen aus dem einen oder anderen Grund keinen Reiz für Sie besitzen, um eine nähere Beziehung, oder gar die Ehe in Betracht zu ziehen. Ihr Interesse für diese Menschen geht bis zu einem gewissen Punkt, aber nicht darüber hinaus – obwohl sie lieb und nett sind!

Ganz genauso geht es Männern auch. Damit Ihr Partner Sie als Partnerin und Ehefrau sehen kann, muß er, wann immer er an Sie denkt, stärkere Gefühle empfinden als die laue Sympathie, die man den Menschen des Alltags entgegenbringt. Diese stärkeren Gefühle können durch vieles im täglichen Miteinander ausgelöst werden und hängen stark von ihren beiden Charakteren ab. Allgemein definiert verstärkt sich die emotionale Bindung zwischen Partnern immer dann, wenn ein ausgewogenes Verhältnis von Gemeinsamkeiten und Ungleichheiten vorliegt.

Diese „Ungemeinsamkeiten" sollten zu positiven und unerwarteten Überraschungen beim Gegenüber führen können. Negative Überraschungen sind, leicht einsichtig, wenig hilfreich. Die richtige Balance zu finden zwischen gewährleisteter Sicherheit ohne absolute Sicherheit (diese zerstört jeden Reiz) und unerwarteten „guten" Überraschungen ist ein kleines Kunststück. Perfekt zu sein gelingt nie. Doch schon sich diesem Balanceakt bewußt zu sein, hilft aufgrund der Macht der eigenen Gedanken sehr.

Falschen Stolz – vermeiden

W er kennt diese Gedanken nicht: „Das habe ich doch nicht nötig !", „Was bildet der sich ein !", „Wo kommen wir denn da hin !" Immer handelt es sich dabei um eine von Denkerin gefühlte Ehr- oder Idealverletzung. In die gleiche Gedankenkategorie gehören:

- „Er soll bloß nicht denken, ich laufe ihm nach."
- „Ich bin die Frau, und warte!"
- „Ausnutzen lasse ich mich nicht."
- „Mit der Liebe spielt man nicht."
- „Wenn er wollte, hätte er es schon gesagt."

Diese Art der Selbstplazierung ist häufig tückisch, da sie oft vollständig blockierend wirkt für jede weitere vernünftige Kommunikation. Solches Denken sollte zu allen unangebrachten Gelegenheiten unbedingt vermieden werden.

Doch wann ist es unangebracht ? Immer dann, wenn die Denkerin damit *weniger* als ihre *obersten* Lebensideale und -prinzipien schützt.

Vorteilhaft an solchen Situationen ist, daß Sie selbst entscheiden können wieviel Sinn es macht, sich wegen einer tatsächlichen oder vermeintlichen Ungerechtigkeit auf eine Konfrontation oder auf stilles Warten einzulassen. Ist es klug, am Samstagmittag wegen des Abwaschs („Kommt nicht in Frage. Du bist dran!") den schönen Abend aufs Spiel zu setzen ? Wer einlenken kann und bei kommender Gelegenheit für gerechten Ausgleich sorgt, der erntet bei vernünftigen Menschen neben Akzeptanz oft auch Achtung und Vertrauen.

41

Vertrauen ist – Verschwiegenheit

W as genau ist notwenig, um Geborgenheit zu erfahren, sich ihrer erfreuen und sicher sein zu können ? Dazu ist Vertrauen notwenig.

Nicht nur aus Männers Sicht bedeutet Vertrauen unter anderem auch, daß in stiller, oder bewußt besprochener, Übereinstimmung mit seiner Partnerin eine feste Grenze existiert, jenseits derer keine Interna über ihn und seine Beziehung nach außen dringen. Zu niemandem. Als Themen, die oft eine gewisse männliche Sensibilität berühren, fallen zum Beispiel das Sexleben und die finanzielle Situation ein.

Ihre beste Freundin in alles, in wirklich alles aus Ihrer Beziehung einzuweihen oder mit ihr zu diskutieren, kann sich daher sehr negativ auswirken: Falls Ihr Partner einen Vertrauensbruch empfindet, falls er sich lächerlich gemacht oder preisgegeben fühlt, weil seine persönlichen Tabu-Themen bei seiner Partnerin nicht die vermutete Verschwiegenheit genießen – und er zufällig und ungewollt von diesen Indiskretionen erfährt – dann ist sein Vertrauen in Sie unter Umständen erschüttert. Selbst die allerbesten Freundinnen verplappern sich manchmal, obwohl hoch und heilig versprochen wurde, daß es niemals weitererzählt wird . . .

> **Seien Sie sich über diejenigen Dinge bewußt, die Ihr Partner nicht nach außen tragen möchte. Und seien Sie ihm eine zuverlässige und konsequente „Geheimnisträgerin".**

Vertrauen ist Grundvoraussetzung für jede Partnerschaft. Ohne Vertrauen schwindet das Gefühl der Geborgenheit.

Wenn Änderungen –  dann nur zum Positiven

Viele Menschen besitzen einen inneren Drang zu Konstanz (nicht unbedingt nach. . .) Sie fühlen sich dann wohl, wenn sie wissen was sie erwartet: Am Arbeitsplatz, in der Wohnung, beim Partner. Das Vertrauen darauf, nicht ständig auf unbekanntes Terrain zu geraten, ist ein starkes menschliches Verlangen: Hören Sie nur einmal zu, wie viele Menschen stolz erzählen, daß sie bereits zum 17. Mal im gleichen Urlaubshotel waren!

Seien Sie daher Ihrem Partner ein zuverlässiger Anker in einer sich ohnehin ständig verändernden Welt: Von Ihnen initiierte Änderungen am gemeinschaftlichen Umfeld, an Ihrer Person usw. sollten möglichst positiv sein. Natürlich glaubt das jeder von seinen Ideen und Vorstellungen. Aber sieht das auch Ihr Partner so ? Er sollte so selten wie möglich Grund haben zu denken: „Als wir uns kennenlernten, hätte sie das so nicht gemacht.", „Was macht sie denn jetzt schon wieder. . ."

Falls Sie aktiv ihren Typ oder die gemeinsame Umgebung verändern möchten (zum Beispiel Kleidungsstil, Frisur, Tapeten) oder wenn Sie eine ungewollte Veränderung bemerken (zum Beispiel Gewichtszunahme): Versuchen Sie ausschließlich positive Änderungen zuzulassen. Vermeiden Sie Änderungen zum Negativen und diejenigen, die den Verdacht dazu erregen. Sie müssen nicht klüger, reicher, schöner werden – lediglich das „weniger" sollte vermieden werden. Besonders kritisch sind kurzfristige Änderungen, weil bei ihnen kaum eine Chance für einen sanften Gewöhnungsprozeß besteht.

Ungeduld –
kann zerstören

. . . und Geduld kann zu tollen Belohnungen führen. Hier geht es weniger um das ständige, nervige Nachfragen nach Art eines Kleinkindes, sondern um die Vermeidung des absoluten Überraschungskillers: Das zeitlich völlig unpassende und destruktive Meckern: Während Mann möglicherweise bereits alles in die Wege geleitet hat und Ihnen in der nächsten Minute seine sorgfältig choreographierte Wunscherfüllung zelebrieren will – was ihm übrigens außerordentlich gut gefällt, da er sich selbst als großzügig, liebevoll, einfallsreich etc. sehen kann – da platzen Sie herein und zerstören die sich aufbauende Atmosphäre. Das ist der „Schwingungskiller" schlechthin für jeden Mann. Denken Sie immer daran: Er könnte Ihren Wunsch bereits im Kopf haben oder sogar ausführen – enttäuschen Sie ihn dabei nicht:

Die junge Verlobte wünschte sich sehnlichst ein eigenes Auto. Nach einiger Zeit kaufte ihr Partner ohne ihr Wissen einen kleinen Gebrauchtwagen und stellte ihn mit großer Schleife liebevoll geschmückt in die belebte Strasse. Als die Frau aus dem Büro nach Hause kam maulte sie mißmutig: „Hast Du gesehen ? Irgend jemand in der Nachbarschaft bekommt ein schönes Auto geschenkt – der oder die hat's gut . . . "

Auch wenn sich die Verlobte anschließend sicher freute – die Freude ihres Partners hat sie möglicherweise zum Teil verdorben. Er war auf eine freudige und herzliche Szene vorbereitet. Aber was wird er nun wohl gedacht und gefühlt haben ? Die Vermeidung solcher Ärger-Starter ist einfach und kostet nichts.

Verstehen, verstehen – und verstehen

. . . ist das A und O jeder guten Zusammenarbeit. Je besser sich die Partner verstehen, um so besser gelingt jede Form von gemeinsamen Vorhaben. Dabei bedeutet *Verstehen* nicht *Akzeptieren*. Es bedeutet auch nicht *kritisierend Hinnehmen*. Und sicher bedeutet es nicht *Ja und Amen* sagen. Verstehen heißt vielmehr, sich in die Lage und Mentalität seines Gegenübers hinein zu versetzen (zu wollen und zu können) und tatsächlich nachvollziehen zu können, weshalb er so oder so reagiert.

Erst mit dem Beherrschen dieser Verstehens-Fähigkeit können Vorschläge und Taktiken entwickelt werden, um zwei unterschiedliche Positionen auf einen für beide akzeptablen Nenner zu bringen. Wenn Sie sich bei Antworten und Reaktionen, die Ihnen nicht so gut gefallen angewöhnen, zunächst zu überlegen: „Weshalb könnte er das so sehen ? Ob es vielleicht an (x) liegt ? Mal fragen . . .“ schlagen Sie mehrere Fliegen mit einer Klappe:

1. **Die Kommunikation zwischen Ihnen beiden** wird aufrecht erhalten
2. **Sie signalisieren** ihm Interesse an seinen Standpunkten
3. **Sie halten** ihr eigenes Denken flexibel.

Vermeiden sollten Sie unbedingt "Warum will er bloß wieder nicht ? Nie macht er mir ein Freunde." und ähnliche Gedanken. Diese wenig konstruktiven Vorinterpretationen stören jede weitere Kommunikation und besitzen großes Potential, um aus einer leicht angespannten Situation eine sehr angespannte zu machen.

Männliche Psyche – *berücksichtigen*

G anze Bücher sind vollgeschrieben worden darüber, wie Männer in ihrem Innersten sind. Ein hoffnungsloses Unterfangen. Menschen sind zu verschieden, als das sie in endgültige Kategorien gesteckt werden könnten. Aber gibt es denn überhaupt keine Wesensmerkmale, die bei allen Männern gleichermaßen auftreten ? Nein, die gibt es zum Glück nicht. Einige Merkmale allerdings scheinen häufiger vorzukommen als andere. Dazu gehören:

- Im Unterschied zu Frauen, die eher auf Ausgleich und Integration bedacht sind, sehen Männer sich bei vielen Gelegenheiten in einen Wettbewerb: Im Straßenverkehr, unter Arbeitskollegen, beim Verdienst und vielen anderen Dingen. Wer so denkt, der will natürlich siegen. Niederlagen sind verpönt und werden als peinlich empfunden.
- Männer möchten einige echte, wahre Freunde haben bzw. gewinnen.
- Männer möchten zumindest einmal in ihrem Leben ein wirklicher Held sein, wobei die Art der erträumten Heldentat bis hin zur Verhinderung von großen Katastrophen reicht.
- Männer möchten nur die Frau heiraten, von der sie glauben sie wirklich zu lieben.
- Männer können phobienhafte Ängste bei der Vorstellung entwickeln, irgendwie auf irgend jemand auch nur ansatzweise homosexuell zu wirken.
- Männer hassen es, vor anderen Männern von der Partnerin herausgefordert zu werden.

Ihn verändern wollen ?
Vergessen Sie´s !

D en Wunsch, Menschen verändern zu können, hegen viele: Politiker, Film- und echte Bösewichter, Eltern von Teens – niemand davon war je besonders erfolgreich. Nicht einmal Mamas können die grundlegenden Eigenschaften ihrer Babies ändern: Ob kleine Rund-um-die-Uhr-Schreihälse, ruhige Immer-Schläfer, Daumenlutscher, Dauergrinser – Mama kann *so gut wie nichts* davon beeinflussen. Wer will da ernsthaft glauben, einen erwachsenen Menschen, geprägt durch lebenslange Erfahrungen, versehen mit eigenem Willen, dessen Herkunft die Hirnforschung bis heute nicht erklären kann, *ändern* zu können ?

Menschen sind nicht zu ändern. Einzige Ausnahme: Der Betreffende selbst will eine Änderung.

In einer Partnerschaft sind bewußte und unbewußte Arrangements über Kleinigkeiten möglich. Das ist alles. Größere, oder viele Änderungen an der Persönlichkeit sind unmöglich. Falls sie mit „Gewalt" durchgesetzt werden, sind sie entweder von kurzer Dauer oder es werden Teile des betreffenden Menschen irreparabel zerstört (Gehirnwäsche). Sensible Naturen können bereits durch Drohungen wie „Wenn Du nicht dies oder jenes tust/erreichst, dann mache ich dies oder jenes" durchaus ernsthafte psychische Schäden davontragen. Falls Sie mit mehreren Eigenarten Ihres Partners auf lange Sicht nicht klarkommen werden, dann sollten Sie ihre weiteren Pläne noch einmal überdenken: Aus einem rundlichen, bequemen, aber humorvollen Partner einen gertenschlanken Topmanager zu machen, das wird nix.

Teil 3b

Sofortstart-Hilfen für heute, morgen, übermorgen . . .

An Ihrer Beziehung

Kommunikation –
hat 5 Sinne

Sehen, Sprechen, Hören, Fühlen, Riechen: Können Sie sich vorstellen, mit jedem einzelnen Ihrer Sinne – und jeweils nur einen benutzend – Ihrem Partner ein „Ich liebe Dich!" mitzuteilen ?

Es geht tatsächlich. Dieses Senden und Empfangen in jedem „Frequenzbereich" funktioniert nicht nur zwischen Liebenden gut. Bei jenen allerdings ganz besonders ausgezeichnet. Versuchen Sie es einfach einmal untereinander (Ihrem Obsthändler durch zärtliches Handauflegen die Apfelbestellung „durchzugeben" ist vielleicht keine so gute Idee).

Wichtig dabei ist: Zwar werden innerhalb einer guten Partnerschaft üblicherweise alle Sinne für die Reaktionen des Gegenübers mehr oder weniger automatisch wachgehalten, doch die Auswertung der eingehenden Eindrücke findet individuell sehr unterschiedlich statt. Um sich vor Fehlinterpretationen zu schützen sollte daher in die empfangenen Signale nicht zuviel hinein- oder herausgelesen werden. Nahe an der tatsächlichen Wahrnehmung zu bleiben ist wichtig – und manchmal schwierig. Besonders dann, wenn die Situation gar zu romantisch ist.

Als Kontrollinstanz zu jedem Zeitpunkt eignen sich die eigenen Reaktionen gut: Phantasien, Ideen, Assoziationen, Empfindungen und Gefühle können bewußt verfolgt werden nach dem Muster: „Was genau denke und fühle ich in dem Moment, in dem er mir so tief in die Augen schaut?"

Loben –
nicht tadeln

D ie Mutter aller Grundlagen eines auskömmlichen Miteinanders heißt seit ewigen Zeiten: Extreme Zurückhaltung mit aller Art von (negativer) Kritik an anderen Personen. Jemanden kritisieren, ganz gleich ob berechtigt oder nicht, ist eine der sichersten Methoden, um in Anspannungen mit dieser Person zu geraten. Niemand will kritisiert werden – nicht einmal dann, wenn er selbst genau weiß, daß es Grund dazu gibt. Obendrein ist Kritik auch ein wenig geeigneter Motivator: Kritisierte Menschen können schnell Desinteresse zeigen und wenden sich dann innerlich oder äußerlich ab. Wenn also aus der Reihe der möglichen Reaktionen

Loben – Schweigen – Kritisieren

Letzteres entfällt, dann bleibt nur Loben und Schweigen übrig. Loben, wann immer möglich, gerade auch bei kleinen Vorkommnissen und vor allem, wann immer es einen *ehrlichen* Grund dafür gibt, gilt als einer der stärksten Human-Motivatoren überhaupt[4]. Im anderen Fall, wenn Ihnen irgend etwas total zuwider läuft und auch mit viel Mühe nicht zu verstehen ist, dann versuchen Sie doch einfach still zu sein. Sagen Sie gar nichts oder wechseln Sie sogar das Thema, falls er partout ihren Kommentar hören möchte. Sie können sicher sein: Er wird merken, das, und was, hier nicht stimmt. Und er wird dabei viel eher zum Überdenken bereit sein als es jede andere Reaktion von Ihnen je erreichen könnte.

---

[4] Bei manchen Anschnall-Kontrollen in den USA erhalten gurttragende Autofahrer als Belohnung McDonalds-Gutscheine von der Polizei!

Unbewußte Abneigungen –   ★ ★ ★
erkennen und teilen

Bewusste Abneigungen sind jedem selbst, und meistens auch dem Partner, bekannt. Sie werden in Partnerschaften regelmäßig geteilt. Doch was geschieht eigentlich mit den unbewußten, also unbekannten ? Wie kann man überhaupt davon erfahren – wo sie doch unbewußt sind ? Es gibt eine relativ einfache Methode, um hinter einige der verborgenen Abneigungen Ihres Partners zu kommen:

Jeder Mensch setzt sich von frühester Kindheit an in wachsendem Maß von seinen Eltern ab – die Nein-Phase von Kleinkindern, die Aufstandsphase in der Pubertät und die Erfahrung, das erwachsene Kinder sagen: „So wie meine Eltern möchte ich in dieser Hinsicht nicht werden" kennt fast jeder. Mit (unbeteiligter) Hilfe seiner Eltern können Sie über Ihren Zukünftigen erfahren, was er entweder nicht sagen möchte, oder nicht sagen kann, weil er es selbst nicht weiß. Doch wie geht das ? Früher sagte man zu jungen Männern „Schau Dir die Mutter an und Du weißt, wie Deine Freundin werden wird!"

Drehen Sie einfach den Spieß herum und schauen Sie auf die vielen Alltäglichkeiten bei den Eltern Ihres Partners.

Beim aufmerksamen Beobachten werden Sie bald bemerken, was genau aus seinem Elternhaus er nie wiederholt, oder ohne besondere Begründung sogar vehement ablehnt. Bei diesen Dingen handelt es sich um unbewußte Abneigungen. Wenn Sie sich diese Besonderheiten merken und auch in Ihrer eigenen Beziehung vermeiden, dann gewinnt der Satz „Wissen ist Macht" für Sie eine neue Bedeutung.

Sich retten lassen –
ist schön

So gut wie alle Männer besitzen einen starken Rettungs- und Beschützer-Instinkt Frauen und Kindern gegenüber. Im Gegensatz zu viel früheren Zeiten werden diese Instinkte in unserer sogenannten modernen Epoche jedoch kaum mehr benötigt. Durch diesen „Aufstau" erklärt es sich zum Beispiel, weshalb Männer manchmal bereits bei kleinen – echten oder vermeintlichen – Ungerechtigkeiten unverhältnismäßig energisch aus der Haut fahren. Etwa dann, wenn Sohn oder Tochter vom Lehrer ein wenig kritisiert wird.

Versuchen Sie, diesem Rettungsinstinkt eine Berechtigung zu sein, indem Sie ihn benötigen.

Gelingt Ihnen das glaubwürdig, dann werden Sie Ihren Angebeteten nahezu garantiert nicht mehr los: Die kleine unbedeutende Schnitt-wunde am Finger wird ab sofort nicht mehr selbst mit schnellem Pflaster versorgt, sondern Mann wird zuhilfe gerufen – und er wird Sie mehr als lieben. „Notfälle" dieser Art gibt es genug, und sie beschränken sich selbstverständlich nicht auf die körperliche Erste Hilfe.

Sehr wichtig ist in jedem Einzelfall der Begriff „glaubwürdig": Inszenieren Sie nicht. Nutzen Sie nicht aus. Halten Sie sich lediglich bei echten Ausrutschern etwas mehr mit der Selbsthilfe zurück. Daraus ergibt sich automatisch, daß diese Ereignisse nicht allzu häufig auftreten (falls Sie nicht zu denjenigen Menschen gehören, die ein wenig tolpatschig auf die Welt gekommen sind). Er wird Sie mehr als lieben, sie armes schutzbedürftiges Wesen.

Freiheiten geben – ★ ★ ★
Selbstbestimmung nehmen

Männer leben oft mit anderen Freiheits- und Unabhängigkeits-Maßstäben als Frauen. Um über die Gründe zu resümieren fehlt hier der Raum. Tatsache ist, daß Männer sich schneller als Frauen in ihrer Freiheit und Unabhängigkeit eingeschränkt fühlen. Bereits die bloße Vorstellung, er könnte seinen Junggesellenstatus einbüßen, kann eine mittlere Emotions-Katastrophe für ihn bedeuten. Erfahren werden Sie davon allerdings nur selten.

Daher ist es im Hinblick auf Ihr Hochzeitsziel eine lohnenswerte Aufgabe, ihm die Illusion von Unabhängigkeit und Freiheit so lange wie möglich zu erhalten. Der kommende „Freiheitsverlust" muß weich aufgefangen werden, anstatt ihn aufzubauschen. Er darf nicht hochgeredet, und nicht früher als notwendig eingeführt werden. Vermeiden Sie Sätze wie: „Bleib´ doch heute abend mal da!" oder „Bitte komm nicht so spät wie beim letzten Mal!" Sagen Sie statt dessen lieber (Ton: lieb, nicht zynisch, nicht sarkastisch): „Du kommst heute abend nicht ? Das trifft sich gut. Ich bin dann mit Susanne unterwegs. Falls Du vor mir nach Hause kommst: Ich verspreche, ich bin leise. Hab´ einen schönen Abend!" Auf diese geschickte Weise erreichen Sie vieles gleichzeitig:

- **Er fühlt** sich nicht eingeschränkt.

- **Sie wünschen** ihm ehrlich gute Unterhaltung.

- **Er wird** etwas nachdenklich, was Sie wohl erleben.

- **Sie zeigen** Gleichberechtigung auf.

Sexuelle Freude –

geben

J ede Frau hat schon von den (fundierten) Theorien gehört, daß erstens die sexuelle Anziehungskraft zwischen Partnern im Laufe der Zeit nachläßt und zweitens, daß Männer zu Prostituierten gehen „. . .um sich dort zu holen, was sie zuhause nicht bekommen. . .“ Selbst für den Fall, daß Sie persönlich gar nichts gegen mehr oder weniger Sex und/oder seinen käuflichen Sex hätten: Beides ist keine gute Idee. Und schon gar nicht zum jetzigen Zeitpunkt.

Zwei erfüllte Sexualleben gehören zu jeder dauerhaften Beziehung, und zwar auf lange Zeit. Dabei ist es völlig normal und verständlich, daß Wünsche und Vorstellungen differieren, und daß nicht jeder Mensch alle Sexvarianten gleich gern mag. Doch nur deshalb Variationen im eigenen Sexleben strikt ablehnen ?

Überlegen Sie einmal: Sie kochen ihm möglicherweise Speisen, die Sie selbst nicht besonders mögen. Sie fahren mit ihm möglicherweise an Urlaubsziele, die nicht Ihre erste Wahl sind. Sie begleiten ihn möglicherweise auf Parties, auf denen Sie vielleicht niemanden ausstehen können[5]:

> **Weshalb soll dann ausgerechnet im zur Zeit so wichtigen Sexleben Null-Toleranz für Partners Vorlieben herrschen ?**

Wenn er irgendeine Praktik ab und an mag: Niemand verlangt von Ihnen, dabei höchste Lust zu empfinden. Genauso wenig wie er erwartet, daß Sie seinen geliebten Rosenkohl mögen. Sehen Sie Ihre Toleranz im gemeinsamen Bett einfach als freundschaftlichen Dienst an.

---

[5] umgekehrt sollte natürlich ähnliches gelten

Den werdenden Vater – ★ ★ ★
subtil ansprechen

Aus dem oft gescholtenen männlichen Fortpflanzungstrieb folgt auch unmittelbar: Ja – Männer möchten Kinder. Kinder sind ihre Nachfahren und stellen den Fortbestand ihrer Erbanlagen dar.

Es kann zwar angezweifelt werden, daß sich jeder Mann bewußt diese Gedanken macht, doch eines ist sicher: Die meisten Männer möchten Papa werden und sein. Der männliche Kinderwunsch in einer Beziehung entsteht oft sogar frühzeitiger als von der Partnerin vermutet. Bloß: Es zugeben ? Damit haben viele Männer zu diesem Zeitpunkt ein Problem. Denn dies käme dem Eingeständnis gleich mehrerer Niederlagen gleich:

- „Alleine kann ich keine Kinder bekommen, sondern ich brauche eine Frau dazu."

- „Ich soll/muß sie fragen ? Kommt nicht in Frage."

- „Ich weiß gar nicht, ob sie die Richtige ist."

Ihm die Möglichkeit der Erfüllung seines Kinderwunsches so indirekt wie möglich *anzudeuten*, ohne seine „Niederlagen" aufzuzeigen, und ohne direkt Ihren eigenen Kinderwunsch anzutragen (so ein solcher vorhanden ist), das ist Ihre Aufgabe. Vorfreude auf eine zukünftige Vaterschaft zu erzeugen ohne direkt zu werden, das funktioniert allerdings nur individuell. Dazu müssen Sie ihn gut kennen. Meist handelt es sich um eine Gratwanderung zwischen den Signalen „Sobald Du bereit bist, bin ich es auch" und „Jetzt schon Mama werden ? Lieber noch ein wenig warten".

Beharren ist gut – ★★
auf freundliche Atmosphäre

Ständige Harmonie ist langweilig. Und außerdem verdächtig. Weil Menschen sehr verschiedenartig sind, ist es schon statistisch nahezu unmöglich, über lange Zeit ohne Meinungsverschiedenheit zusammen zu leben. Tritt dennoch „unendliche Harmonie" auf, sollte der Sache bald auf den Grund gegangen werden: Es könnten gefährliche Blindgänger im Vorhof der Ehe herumliegen, die irgendwann explodieren. Bei solchen Explosionen wird oft alles „Versäumte" nachgeholt und entsprechend massiv sind dann die Konsequenzen.

Aus diesem Grund garantiert permanente Harmonie vor der Hochzeit keineswegs eine lange und problemfreie Ehe. Sie deutet eher auf Probleme bei der Konfliktbewältigung bei einem oder beiden Partnern hin. Denn „Vernünftige" Auseinandersetzungen besitzen eine wichtige ausgleichende und anpassende Funktion in der Partnerschaft. Als Optimum gilt freundliches Streiten mit einem absehbaren Ende: Streiten ja, zerstreiten – niemals! Dazu ist es wichtig, daß Sie:

1. **Positiv formulieren.**

2. **Sachlich bleiben – nicht persönlich werden.**

3. **Wenn überhaupt, konstruktiv, nicht destruktiv kritisieren[6].**

4. **Bewußte (psychische) Verletzungen unbedingt vermeiden. Diese untergraben das Selbstwertgefühl des Partners und sind nur sehr schwer wieder gut- oder vergessen zu machen.**

---

[6] Nicht: „Du bist ja stinkfaul, immer muß ich alles alleine machen.", sondern: „Hm, na gut, vielleicht hätte ich nach dem Büro auch keine Lust auf Hausarbeit. Was hälst Du davon, in Zukunft bei (x) zu helfen?"

Sie haben den Traummann fürs Leben –
wenn . . .

♥ er Ihnen völlig unerwartet Geschenke mitbringt.

♥ er sagt: „Wenn ich Dich nicht kennen würde, ich würde mich nicht trauen Dich anzusprechen - so schön bist du!"

♥ er die verzaubernde Aura von Baccara-Rosen kennt.

♥ er auch Perlenketten mag.

♥ er genau weiß, wann und wie sie sich kennengelernt haben.

♥ er stets weiß, welches Parfüm und welche Blumen sie *nicht* mögen.

♥ Sie zu sich sagen: „Mit ihm würde ich gerne auf einer einsamen Insel ausgesetzt werden."

♥ er schon mal Spitzenwäsche mitbringt.

♥ er weiß, daß nur Sie über Ihre Eltern lästern dürfen.

♥ er nicht mit dem Schicksal hadert.

♥ er nicht über seine Ex-Freundinnen lästert.

♥ er niemals Schulden in der Öffentlichkeit verlangt.

♥ er nie-nie-nie im Gespräch „Nicht wahr, Schatzi ?" sagt

♥ er weiß, daß ihre beste Freundin über jede Kritik erhaben ist.

♥ er den Anrufbeantworter unpeinlich besprechen kann.

♥ er die Spülmaschine bedienen kann.

♥ er Ihren Schmuck aus dem Abflußrohr retten kann.

♥ er einfache Massagegriffe kennt und beherrscht.

Was ist „Heiraten" ?

Fast alle Gesellschaften und Kulturen verstehen seit jeher unter „Verheiraten" die vor der Öffentlichkeit bekannt gemachte, dauerhafte Partnerschaft von Mann und Frau zum Zweck der Familiengründung und der gemeinsamen Lebensgestaltung. Ob Heiraten dabei einem Urinstinkt zum gemeinsamen Aufziehen des Nachwuchses entstammt, oder vielleicht eher dem menschlichen Bedürfnis nach langfristiger Geborgenheit entspricht, weiß niemand so genau.

Die Frage, ob eine offizielle Hochzeit nach heutigem, westlichen Standard anstrebenswert ist, kann aus individueller, emotionaler, moral-ethischer und sogar aus ästhetischer Sicht leicht mit „Ja, auf jeden Fall" beantwortet werden. Es gibt nur wenig tiefer erlebte, romantischere Zeiten im Leben zweier Menschen als die vom gefühlvollen Heiratsantrag bis hin zur glanzvollen Vermählung. Aus entwicklungsgeschichtlicher Sicht jedoch fällt die Antwort nicht ganz so leicht: Niemand kann beantworten, ob die Ehe einen Vorteil im Kampf um das Überleben der Art bietet.

Im Wesentlichen besteht die Eheschließung aus der offiziellen Partnerschafts-Genehmigung[7] und –Registrierung durch Staat und/oder Kirche. Weil sich die dazugehörigen Riten über viele Generationen einbürgerten, ging das Bewußtsein dafür verloren, daß sich diese autoritären Mittler ohne wirklichen Bedarf für die beiden Hauptpersonen dazwischengeschoben haben. Kann die kirchliche Trauung

---

[7] Ja, Sie müssen tatsächlich um Erlaubnis bitten. Und die Genehmigung kann Ihnen durchaus verweigert werden, je nach gerade gültiger Moral zum Beispiel abhängig vom Alter (keine Minderjährigen, deren Altersgrenze wiederum von der Autorität diktiert werden), vom Status (nur ledig, geschieden oder verwitwet, nicht entmündigt, . . .), bis vor kurzem auch nach Geschlecht usw.

noch sehr romantische, gefühlvolle und stilvolle Momente bieten, deren Eindrücke als wunderschön und unvergeßlich für das ganze Leben behalten werden, so bietet die Amtshochzeit oft nicht einmal das und besteht nahezu ausschließlich aus einem hinnehmenden Akzeptieren eines vorgeschriebenen Behörden-Prozederes. Daß dennoch viele Menschen zur staatlichen Ehe drängen, liegt an gewachsenen gesellschaftlichen Konventionen, an ausgelegten Ködern wie „großzügig" gewährte Steuervorteile für Ehepaare und vor allem an den persönlichen Überzeugungen, daß durch die registrierte Ehe ein zusätzliches Maß an langfristiger Sicherheit für die Partnerschaft und die Kinder erzielt wird. Alternative Hochzeiten, die den organisatorischen Aufwand und die Unterwerfung unter die Staatsregeln zumindest teilweise ersparen könnten – eine Heirat im Ausland, oder die Vermählung durch einen Schiffs- oder Flugkapitän beispielsweise – werden nur von einer kleinen Minderheit unter den Paaren in Betracht gezogen.

Basis für eine Hochzeit ist heute üblicherweise die heterosexuelle Freundschaft zwischen zwei erwachsenen Menschen, die sich freiwillig und gegenseitig für das kommende Leben binden möchten. Männer nennen das oft „Gemeinsam durch Dick und Dünn gehen". Ein Satz, den sie gern denken – und noch lieber von ihrer Partnerin hören . . .

In unserer Kultur beginnt die Hochzeits-Zeit offiziell mit der Verlobung, der öffentlich gemachten Absicht zweier Menschen, in näherer Zukunft miteinander die Ehe einzugehen. Dies geschieht meist durch ein selbst organisiertes kleines Fest mit der feierlichen Bekanntmachung des Verlöbnisses. Andernfalls tritt die Verlobung automatisch ein mit der Bestellung des Aufgebotes beim Standesamt. Spätestens ab diesem Termin gilt das Paar dann als verlobt. Motive für den Heiratswunsch gibt es zahlreich:

- Gegenseitige oder einseitige Liebe
- Erhoffte Sicherheit für die Zukunft, für die Schwangerschaft und das Aufziehen der Kinder
- Erhofftes langfristiges Glücklichsein
- Um den Partner „sicher" für sich zu haben, sich eine Art ersehntes Treueideal erfüllen
- Religiöse Überzeugungen
- Um ein erwartetes Kind „ehelich" auf die Welt zu bringen
- Gegenseitige oder einseitige Einsamkeit
- Finanzielle Beweggründe: Etwa wegen Geldsorgen, Einkommens- und/oder Erbschaftssteuer sparen, einer Frau im Angesicht des eigenen Todes noch zu staatlicher Versorgung und/oder „Ehre" zu verhelfen (zum Beispiel in Kriegszeiten)
- Des Wartens müde: „No more waiting for Mr. Right"
- „Weil man es halt so macht"
- wegen der „tollen, überwältigenden, romantischen" Gefühle oder wegen Freude am Feiern, am neuen Status, am neuen Namen (alles schon vorgekommen)

. . .oder eine wie auch immer gestaltete Kombination aus diesen und weiteren Gründen. Ein nur schwer nachvollziehbarer Grund für eine Heirat lautet: „Wegen der Leute/ Nachbarn/Kollegen": Eine ältere Dame, deren langjähriger Ehemann verstorben war und ihr eine sehr einkömmliche Rente hinterließ, lernte einen anderen Mann kennen. Nach einer Weile zog der neue Partner mit in ihr kleines Einfamilienhaus. Allein wegen dieser Tatsache – es wohnen ja Nachbarn nebenan – beschloß die Frau den neuen Partner zu heiraten. Von Liebe war nie die Rede: „Damit die Leute nicht reden!" Ihre „Ehre" war der Dame solchermaßen wichtig, daß sie auf die absichernden Rentenzahlungen aus erster Ehe für immer verzichtete[8] und

---

[8] . . .die sie bis an ihr Lebensende gut versorgt hätten: In Deutschland geht der Anspruch auf Witwenrente bei neuer Heirat unwiederbringlich verloren.

sich zusätzlich in eine ungewisse Zukunft begab, da die Rente des neuen Partners weit unterhalb der ersten lag. So geschehen im neuen Jahrtausend, wenige Kilometer entfernt von der Großstadt Frankfurt/Main – und nicht etwa im tiefsten Bayerischen Wald.

Organisatorische Aspekte

Zur Organisation und Bürokratiebewältigung einer Hochzeit müssen viele Aufgaben erledigt werden. In Deutschland gehören dazu Trauzeugen-Bestimmung, Standesamt-Terminierung, Kleidungskauf, Partyorganisation, Einladungsschreiben verfassen und vieles mehr. Daß all dies mühevolle Arbeit bedeutet und zu echtem Streß führen kann, dazu braucht es nicht viel Vorstellungskraft. Böse Zungen behaupten, daß nach den ganzen Vorbereitungs-Anstrengungen den Paaren gar nicht anderes übrigbleibt, als anschließend den vollen Erfolg auszurufen.

Neben den organisatorischen Aufgaben ergeben sich aus einer Vermählung auch neue juristische Konsequenzen: Ist die Bestimmung der neuen Namensführung noch von geringerer Bedeutung, so haben beispielsweise die steuerlichen Auswirkungen eine weit größere – im Vergleich zu unverheirateten Paaren sind das allerdings meist vorteilhafte. In diesem Zusammenhang ist es interessant und gut zu wissen, was durch mehrere Praxisfälle bekanntgeworden ist: Deutsche Steuerbehörden machen bei Heirat von deutschen mit ausländischen Partnern nicht selten zumindest temporär Probleme, die bis hin zur steuerlichen Verweigerung des Ehestatus gehen !

Auch die Altersvorsorge, größere gemeinsame Anschaffungen (Immobilien, teure Autos etc.) und das Eintreten des Erbfalles sind Themen, bei denen sich verheiratete Paare in der Regel besser stellen als unverheiratete.

Und schließlich gehört auch die Frage, ob mit oder ohne Ehevertrag geheiratet werden soll, hierher. Obwohl dieses Thema während der romantischen Planungszeit von vielen

Partnern mit einer gewissen Berechtigung als unangemessen und stillos angesehen wird, kann es doch empfeh-
lenswert sein, zumindest einmal kurz darüber nachzu-
denken. Denn alle Menschen, die nicht gerade als kühl-
berechnender Manager geboren wurden, gehen überwiegend mit dem goldenen Prinzip Hoffnung durch das
Leben: „Wird schon gutgehen, wird schon nichts kommen,
wird schon nichts passieren" sind berechtigte Grund-
prinzipien eines entlasteten Alltags. Die Erfahrung lehrt,
daß sie Recht behalten - meistens.

Emotionelles Heiraten

Das emotionelle Heiraten dürfte bei der überwiegenden
Zahl der heiratswilligen Paare Hauptmotivation für den
Heiratswunsch sein. Fast jeder Mensch strebt Zeit seines
Lebens nach dem wohlig-warmen Gefühl der Geborgenheit und Zugehörigkeit und möchte diesen Zustand, ist
er erst einmal erreicht, am liebsten für immer erhalten. Das
emotionell sehr befriedigende Gefühl „Er möchte MICH
zu seiner Frau! Das ist der Beweis, daß ich geliebt werde." (.
. .und das ist auch *mein* Beweis, das ich eine „richtige" Frau
bin), spielt eine Hauptrolle bei vielen Heiraten. So träumen
Millionen den wunderschönen Traum von einer glanzvollen
Hochzeit in Weiß. Kinofilme mit und über Hochzeiten
hatten und haben Hochkonjunktur. Und das Zelebrieren
eines immer originelleren Heiratsantrages – ein Ereignis, an
das sich beide noch in vielen Jahren gern erinnern – nimmt
manchmal wettbewerbshafte Züge an.
Dabei besteht Grund zur Vermutung, daß ab dem Zeitpunkt des positiv beantworteten Heiratsantrags beide Partner unter einem erheblichen moralischen Druck stehen.
Nämlich dem, sich ab sofort keinen Rückzieher mehr
leisten können. Dies entbehrt nicht einer gewissen Tragik,
weil dadurch eine eventuell noch rechtzeitige Korrektur
eines möglichen Fehlers unterbunden wird: Eine Beziehung, die vor der Hochzeit nicht gut funktioniert, die wird

aller Voraussicht nach der Hochzeit nicht besser werden. Jedenfalls nicht durch die bloße Hochzeit.

Falls Sie heiraten möchten weil *Sie ihn lieben*, dann befinden Sie sich in guter und sehr exklusiver (!) Gesellschaft – und besitzen die besten Chancen auf eine langwährende, glückliche Ehe. Denn diese Aussage gilt laut einer statistischen Untersuchung für *ganze drei Prozent* der Heirats-Entschlossenen[9].

97 Prozent dagegen heiraten, weil sie geliebt werden wollen ! Ist das vorzustellen ? Nahezu alle Heiratswilligen sind der Überzeugung, daß die Heiratsurkunde in Wirklichkeit ein Liefervertrag für Liebe ist, in dem sie selbst als Empfänger und ihr Partner als Lieferant genannt wird – und wie selbstverständlich davon ausgegangen wird, daß der Vertragspartner seine Verpflichtung erfüllt.

Damit lastet eine immense Erwartung auf diesem: Nämlich den Anderen glücklich machen – zu müssen. Diese für einen Teil der Paare nicht unerhebliche Überforderung könnte der Grund dafür sein, daß es zwischen dem dritten und fünften Ehejahr zu einer ersten Spitze in der Trennungsstatistik kommt. Um alle Eventualitäten so gut wie möglich auszuschließen und sich diese Entwicklung zu ersparen, sollten beide Partner sich auch nach der Hochzeit ab und zu so verhalten, als ob das gute Gegenstück immer noch „zum Heiraten verführt" werden soll.

---

[9] Der Anteil der Frauen und Männer ist dabei in etwa gleich groß.

Allein gelassen ? Die Exliebe wiedergewinnen

Wenn die Liebe zur Tür hinaus ist und alles nach lebenslangem Novemberwetter ausschaut, dann regiert die Sehnsucht pur: So schön wäre es, wieder von ihm/ihr in den Arm genommen zu werden. Dieser Ratgeber enthält eine ausführliche Schritt-für-Schritt Anleitung für Ihren möglichen Anfang vom Happy-End: Leicht verständlich sind mehrere Psychologieprinzipien zusammengefaßt, um Ihrer Ex-Liebe das „Ex" sanft aus der Hand zu nehmen. 4. Auflage 2010 · 12 x 19 cm · Euro 7,90 · ISBN 978-3-8311-1825-0. Auch in 2 erweit. Ausgaben erhältlich (s. nächste Seite).

33 verblüffende Auto-Geheimnisse

Autos begleiten uns tagtäglich durch das Leben. Doch nur wenige Menschen ahnen, welche verblüffenden und skurrilen Geheimnisse die erfolgreichste Maschine der Erde verbirgt. In diesem Buch lesen Sie 33 der erstaunlichsten und unbekannten Tatsachen rund um das Auto. Manche davon werden Ihren Auto-Alltag sofort verbessern, andere sind gut zu wissen für den Fall der Fälle. Hier lesen Sie für jedermann und jedefrau leichtverständlich, was üblicherweise Fachleuten vorbehalten bleibt. 2011 · DIN A5 · Euro 9,95 · ISBN 978-3-8391-0556-6

Wegziehen in die USA

Mit Tabellen und Abbildungen. Das Wichtigste zu Visa, Wohnung, Arbeit, Auto, Finanzen. Die USA sind Top-Einwanderungsziel unserer Erde. Dieser Ratgeber ist die Basis für den ersten Schritt in das Land der unbegrenzten Möglichkeiten. Konkret wird der Leser über die wichtigsten Fragen informiert: Visaarten, Kauf und Miete von Wohnung und Haus, Stellensuche, Selbstständigkeit, Autokauf und Finanzen werden zu einem günstigen Preis nahegebracht. 2011 · DIN A5 · Euro 11,90 · ISBN 978-3-8391-6149-4 **Auch erhältlich ohne Tabellen und Abbildungen** als 2. aktualisierte Auflage 2010 · DIN A5 · Euro 7,95 · ISBN 978-3-8311-4048-0.

Allein gelassen? Die Exliebe wiedergewinnen
...und zusammen bleiben! Zusätzlich zur ausführlichen Schritt-für-Schritt Anleitung aus „Allein gelassen ? Die Exliebe wiedergewinnen" erfahren Sie hier mehr als 25 konkrete Einzelratschläge, um aus der wiederhergestellten Beziehung eine dauernde Partnerschaft zu machen. Aus dem täglichen Zusammensein wird ein glückliches Leben zu zweit. 2. Auflage 2009 · 12 x 19 cm · Euro 11,90 · ISBN 978-3-8330-0692-0. Basis-Ausgabe: Allein gelassen? Die Exliebe wiedergewinnen...und die 10 wichtigsten Tips zum Zusammenbleiben! 2008 · Euro 9,90 · ISBN 978-3-8370-6876-4

Verbraucherwarnung: Kaufen Sie kein Elektro-Auto

Elektroautos werden über den grünen Klee gelobt. Allerdings nur von Meinungs- und Politikmachern, die häufig über Dinge reden und schreiben, in die sie wenig Einblick besitzen. Wie sieht es wirklich aus mit der Gebrauchsfähigkeit, den Kosten und der Gefährlichkeit von E-Autos? Die Antworten darauf fallen verheerend aus, so daß der Rat an Interessenten nur lauten kann: Sehen Sie von einem Kauf ab, wenn Sie sich nicht viel Ärger, Enttäuschungen und Kosten einhandeln wollen. 2010 · DIN A5 · Euro 9,95 · ISBN 978-3-8391-6373-3.

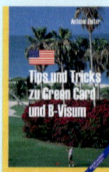

Tips & Tricks zu GreenCard und B-Visa

Die USA sind das Top-Einwanderungsland unserer Erde. Um sich dort jedoch erfolgreich einzurichten, ist fundiertes amerikanisches Know-How gefragt. Dieser Ratgeber hilft allen Menschen, die sich zeitweise oder permanent in den USA niederlassen möchten, bei der richtigen Visumauswahl. Er informiert über die beiden gängigsten Visaformen GreenCard und B1/B2 Visum, und worauf es bei den amerikanischen Behörden bei der Beantragung ankommt. 2. aktualisierte Auflage 2011 · 12 x 19 cm · Euro 8,95 · ISBN 978-3-89811-159-1

Deutscher Patentschutz für 40 Euro
Wie Ihre kleinen Ideen & Erfindungen großes Geld verdienen. Trotz guter Produktidee stellt sich Gelderfolg nur selten ein, weil wertvolles geistiges Eigentum ungeschützt bleibt: „...Zu kompliziert, zu teuer." lautet meist die Begründung. Dabei ist amtlicher deutscher Patentschutz bereits für 40 Euro erhältlich: Bis zu 10 Jahre lang, und ohne Anwaltszwang. Hier wird das offizielle Patentamts-Verfahren samt dem einfachen Antrag leichtverständlich vorgestellt. 2. akt. Auflage 2009 · DIN A5 · Euro 7,95 · ISBN 978-3-8334-2638-4. Auch als englische Ausgabe erhältlich.

Ein gebrauchtes Auto kaufen
Die wichtigsten Tips & Tricks für Nicht-Techniker. Auf dem Privatmarkt gibt es häufig bessere und günstigere Angebote als beim Händler – wenn man sich nur ein wenig auskennt. Aber wie finden sich die guten Angebote unter den zahlreichen fragwürdigen? Hier erfahren die Leser wichtige Tips & Tricks vom Diplom-Ingenieur und können viel Geld sparen: 1. Welche Anzeigen Sie besser nicht anrufen. 2. Wie Sie geschickt mit dem Verkäufer umgehen. 3. Wie Sie versteckte Mängel entdecken. 2. akt. Auflage 2010 · DIN A5 · Euro 7,95 · ISBN 978-3-8334-9079-8

Männer zum Heiraten verführen. 40 Do's & Don'ts

Heiraten – für viele Frauen das romantischste Ziel einer guten Partnerschaft auf ihrem Weg zur besten. Doch falls „der Beste von allen" noch nicht so recht überzeugt ist, oder die Beziehung noch etwas Feinschliff benötigt, dann hilft dieser Ratgeber der modernen Frau. In 40 Einzelpunkten erfährt die Leserin leicht verständliches und einfach anzuwendendes psychologisches Wissen, um in seinem Kopf die Hochzeitsgedanken hüpfen zu lassen. 2. aktualisierte Auflage 2011 · 12 x 19 cm · Euro 9,95 · ISBN 978-3-8311-4235-4

100 verblüffende Autogeheimnisse

Nur wenige Menschen ahnen, welche verblüffenden Geheimnisse die erfolgreichste Maschine der Erde verbirgt. In diesem Buch wird erstaunliches Auto-Wissen leicht verständlich vorgestellt. Wer sich nicht sicher ist, wieviel PS ein Pferd hat, ob die „James-Bond-Wende" wirklich funktioniert, daß Autos viel grüner sind als ICE-Züge...und weitere 97 Tatsachen wissen möchte, die üblicherweise Kfz-Ingenieuren vorbehalten bleiben – der erfährt hier weithin unbekannte Eigenschaften unserer Autos. 2002 • DIN A5 • Euro 15,90 • ISBN 978-3-8311-1826-7

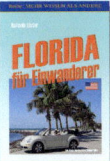

Florida für Einwanderer

Sonne, Palmen und Meer – damit ist für die meisten Menschen Florida, der tropische Bundesstaat der USA, beschrieben. Doch wer dort länger leben möchte als 2 Wochen, wer vielleicht gar Resident sein möchte, dem nutzt das typische Urlaubswissen nur wenig. In diesem Ratgeber wird Florida für Einwanderer beschrieben: Seine Geographie, das Klima, die Wirtschaft und Politik. Danach erfahren Sie alles Nötige über das Wohnen, Arbeiten, die Steuern und vieles mehr aus erster Hand. 2009 • DIN A5 • Euro 9,95 • ISBN 978-3-8370-8866-3

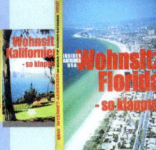

Wohnsitz Florida - so klappts !

Um sich in den USA erfolgreich niederzulassen, ist viel amerikanisches Know-how notwendig. Die Wohnsitz-Ratgeber zu Florida und Kalifornien sind umfassende, detaillierte Handbücher zum jeweiligen US-Bundesstaat: Einreisefragen, Haus- und Autokauf, Steuern, Stellensuche - das komplette Gewusst-Wie zum Leben genießen in den USA erfährt der Leser aus erster Hand. Ebenso enthalten sind ausgewählte Anschriften und Internetadressen, wie sie nur die Praxis liefern kann. **Florida**: 2000 • DIN A5 • Euro 15,29 • ISBN 978-3-89811-216-1 **Kalifornien**: ISBN 978-3-8981-1332-8

Auswandern. Die wichtigsten Schritte

Wer hat nicht schon einmal daran gedacht: In einem anderen Land leben. Regelmäßig für ein paar Monate, oder gleich ganz. Tropisches Meer oder alpine Berge genießen. Freier und freundlicher seine Tage verbringen, vielleicht sogar kostengünstiger. Doch wie geht das überhaupt – Auswandern? In diesem Ratgeber werden die wichtigsten Schritte jeder Auswanderung beschrieben: Was sind die Grundvoraussetzungen ? Wie wird Abreise und Ankunft geschickt vorbereitet ? Und was müssen die ersten Schritte im Wunschland sein ? 2010 • DIN A5 • Euro 8,95 • ISBN 978-3-8391-2273-0

Der richtige Lizenzvertrag (für Patent-Inhaber und Erfinder)

In „Deutscher Patentschutz für 40 Euro" wird gezeigt, wie gute Ideen kostengünstig beim Deutschen Patentamt geschützt werden. Doch wie erhält man dann einen Lizenzvertrag ? Und was gehört hinein ? Hier wird ein echter Vertrag zwischen Erfinder und Produktionsunternehmen Punkt für Punkt vorgestellt und erläutert. So erhalten Sie wertvolle Unterstützung, um bares Geld zu sparen und zu verdienen: Bei Lizenzgebühren, Anwaltsauslagen und durch Erinnerung an Vertragsrisiken, an die nicht jeder denkt. 2009 • DIN A5 • Euro 9,95 • ISBN 978-3-8370-8867-0

Auswandern. Die menschliche Seite

Hier wird die menschliche, die emotionelle Seite einer Auswanderung geschildert: Warum und wieso eigentlich weg aus Deutschland ? Wie steht der Partner dazu ? Und was wird aus der Beziehung in der Ferne ? Die wahren Erlebnisse eines jungen Paares aus Deutschland – erst ins entfernte Neuseeland, dann in die USA – faszinieren. Und machen nachdenklich. Aber zum Ende gilt wiedereinmal: Wer nicht aufgibt, der erreicht seine Ziele. 2010 • 12 x 19 cm • Euro 9,95 • ISBN 978-3-8370-9291-2

▶ **Alltag graut – Yachtbesitz bräunt** „Durchschnitts-Landratte wird Schiffsbesitzer" - wer hat davon noch nicht geträumt? Hier ist der Beweis, daß wirklich jeder Mensch ein neues Leben beginnen kann. Spannend und unterhaltsam werden die Erlebnisse eines völlig boots-unerfahrenen Deutschen erzählt – auf seinem Weg zum süßen, unbeschwerten Leben auf der eigenen Yacht in Florida: Ab sofort ist jedes Jahr das beste Jahr. 2000 · 12 x 19 cm · Euro 12,74 · ISBN 978-3-9981-1334-2

▶ **Amerika: Visa • Wohnen • Arbeiten • Auto • Finanzen** Aufbauend auf „Wegziehen in die USA" liefert dieser Ratgeber noch detailliertere USA-Informationen, die weit über das übliche Urlaubswissen hinausgehen: Visa, Hauskauf und Anmietung, Stellensuche, Firmengründung, Autokauf, Führerscheine, Banken und Steuern. 2001 · DIN A4 · Euro 9,95 · ISBN 978-3-8311-1922-6

▶ **Dick sein ? Nein Danke !** Schlank werden und sein – für viele Menschen ein Dauerthema. Dabei ist Abnehmen viel einfacher als viele glauben: Jeder Körper kann auf ein frei gewähltes Wunschgewicht „eingestellt" werden. Leichtverständliche Kenntnisse reichen aus, denn die mächtige MMF-Regel macht es möglich: Schöner, gesünder und sogar kostengünstiger leben - kurz: endlich glücklich sein. Hier erfahren Sie das Grundgesetz jedes Schlankseins. Ohne Kosten, und zum Sofortstart geeignet. 2010 · 12 x 19 cm · Euro 8,95 · ISBN 978-3-8391-0921-2

▶ **Hexen heute erkennen** Viele Menschen wissen intuitiv: In unserer Welt existieren Kenntnisse und Fähigkeiten, die den Wissenschaften auf immer verborgen bleiben. Und von denen nur wenige zu träumen wagen: Wirkliche Hexen sind unter uns. Daß diese klugen und mächtigen Frauen, zu unrecht oft als „böse" abgestempelt, heutzutage nicht als alte Weiber samt schwarzer Katze auftreten, das ist vielen klar. Aber wie sind sie dann zu erkennen ? Und sollte man das überhaupt versuchen . . . ? 2005 · 12 x 19 cm · Euro 8,90 · ISBN 978-3-8334-3192-0

▶ **Land in Feindeshand – Deutschland wird sozialistisch** Viele Anzeichen der deutschen und europäischen Politik geben Anlaß zu Sorge: Um die persönliche Freiheit, um das persönliche Eigentum und um die kommende Generation. Die Anzeichen totalitärer Prinzipien und Denkweisen mehren sich. Zieht schon wieder der häßliche und stets kriminelle Sozialismus auf ? 2003 · 12 x 19 cm · Euro 9,90 · ISBN 978-3-8330-0485-8

▶ **Frauen zum Heiraten verführen** Heiraten – das höchste Ziel einer guten Partnerschaft auf ihrem Weg zur besten. Doch wenn „die Beste von allen" noch nicht so recht überzeugt ist, dann hilft dieser Ratgeber dem modernen Mann: Für zahlreiche Alltagssituationen erfährt der Leser leicht verständliches und einfach anzuwendendes psychologisches Know-How, um in ihrem Kopf die Hochzeitsgedanken hüpfen zu lassen. 2010 · 12 x 19 cm · Euro 8,90 · ISBN 978-3-8391-1885-6

▶ **Die Grundregeln des Erfolgs. So werden Sie erfolgreich** Ob in der Partnerschaft, im Beruf oder beim Kontostand – erfolgreich werden Menschen überall in der Welt auf ähnliche Weise, weil alle Menschen einer ähnlichen Psychologie folgen. In diesem Ratgeber erfahren Sie die Grundregeln jedes Erfolges. So können Sie ab sofort die richtigen Entscheidungen in Ihrem Leben treffen. Denn es ist Ihres, und Sie haben nur eines. Und nur Sie allein bestimmen Ihre Ziele, und ob Sie diese Ziele erreichen. 2010 · 12 x 19 cm · Euro 9,95 · ISBN 978-3-8391-2049-1

▶ **Bevor es zu spät ist: Die Trennung verhindern** Wenn zu spüren ist, daß die Liebe zur Tür hinaus will, dann ist es höchste Zeit zu reagieren. Doch wie könnte die Beziehung noch gerettet werden ? Hier erfahren Sie mehr als 30 wertvolle Tips aus der praktischen Psychologie, damit Ihr Partner seine Trennungsgedanken noch einmal überdenkt. Bevor es zu spät ist, können Sie mithilfe dieses Ratgebers einen fundierten Rettungsversuch für Ihre Beziehung unternehmen. Gleichzeitig legen Sie den Grundstein für eine dauernde und glückliche Beziehung – gerade jetzt, wenn es so gar nicht danach ausschaut. 2009 · 12 x 19 cm · Euro 8,95 · ISBN 978-3-8370-8865-6